銀行員のための
相続ビジネスと相続税法

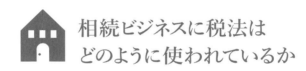

相続ビジネスに税法は
どのように使われているか

著　JTMI税理士法人日本税務総研
　　田中耕司・長嶋　隆・豊田美樹・宮地博子

一般社団法人 金融財政事情研究会

問題の本質はなにか。それを見極めるのがプロの仕事です。

山本秀策著『知財がひらく未来』より

はじめに

　国立社会保障・人口問題研究所によると、65歳以上の高齢人口は令和元年で総人口の28.4％、団塊ジュニアが65歳以上となる令和22年には35.3％となる見込みです。これは、わが国が少子高齢化するだけでなく同時に年間に亡くなる人の数が逓増することを意味しています。今後20年以上にわたり、世はまさに「相続の時代」なのです。あらゆるビジネスが相続となんらかのつながりをもち、相続や相続税を無視してビジネスを展開することができなくなっています。

　加えて、わが国においてもキャッシュレス化が進み、日常的な買物はエディなどで、多額の買物はクレジットカードで、さらに高額な取引はオンライン・バンキングで決済することが常態となる時代がみえています。銀行から現金を扱う業務が消えてしまうのです。

　これを見透かすかのように、すでに、一部の銀行では現金を扱わない店舗展開を始めています。これらの店舗で行っている業務は、相続を中心とした相談業務です。

　銀行は長年培った顧客基盤をもっています。相続ビジネスとは、これらの顧客基盤をもとに、相続に関連して悩んだり不安を感じたりしている顧客を見つけ出し、解決方法を提案し、そのなかで、各種の手数料収入をあげるビジネスです。

　相続ビジネスに携わる行員は、お客様が置かれている状況からお客様自身が意図しないことも含め、直面する問題点を抽出し、ベストの解決策を導き出すことが求められます。

　本書は、単なる相続税法の解説書ではなく、国税局・税務署で相続税の調査事務を中心に25年、信託銀行でプライベートバンキング業務に5年従事し

はじめに　i

た経験を有する税理士が中心となり、相続税法が相続ビジネスの局面において果たす役割を具体的に解説したものです。本書が新たにこの仕事に従事されるバンカーの一助となり、かつ、円滑な申告と納税のお役に立つことができれば幸甚です。

　また、本書の刊行に多大の配慮をいただいた株式会社きんざい出版部の花岡博部長および西田侑加氏に厚くお礼申し上げます。

令和元年11月

著者一同

【著者略歴】

田中　耕司（たなか　こうじ）　税理士

1975〜2000年　大阪国税局採用。資産税調査審理事務17年、調査部等法人税調査事務5年、国税不服審判所審査事務に3年従事。
2000〜2005年　住友信託銀行（現三井住友信託銀行）プライベートバンキング部シニアリレーションシップ・マネージャー。
2005年9月〜現在　JTMI税理士法人日本税務総研代表。
上場企業や中小企業の会計実務、不服審査事務にも通じた資産税の専門家。信託銀行の勤務経験等から金融商品や不動産投資、信託税制にも明るい税理士。
〈著書〉
住友信託銀行遺言信託研究会著『実務家が書いた相続対策』（経済法令研究会）
三井住友トラスト・ウエルスパートナーズ監修　税理士法人日本税務総研編著『相続の新時代！　新・相続税・贈与税簡単ナビ』（中央経済社）
税理士法人日本税務総研編集『株式の評価　税理士のための相続税の実務Q&Aシリーズ』（中央経済社）
税理士法人日本税務総研編『頼られる税理士になるための贈与からはじめる相続の税務』（中央経済社）
〈論文掲載〉
新井誠・神田秀樹・木村敦編『信託法制の展望』（日本評論社）

長嶋　隆（ながしま　たかし）　税理士・公認会計士

1975年　東京国税局採用、法人税調査審理事務9年、資産税調査審理事務19年、評価事務3年従事、その間1982年公認会計士第三次試験合格。
2006年〜現在　JTMI税理士法人日本税務総研パートナー。

豊田　美樹（とよた　みき）　税理士

1991年　名古屋国税局採用、所得税調査審理事務10年、資産税調査審理事務14年従事。
2018年〜現在　JTMI税理士法人日本税務総研アソシエイト。

宮地　博子（みやじ　ひろこ）　税理士

1980年　大阪国税局採用、総務事務6年、法人税調査審理事務3年、資産税調査審理事務28年、評価事務3年従事。
2019年〜現在　JTMI税理士法人日本税務総研アソシエイト。
1級ファイナンシャル・プランニング技能士

JTMI税理士法人日本税務総研

国税局や税務署で相続税や法人税・所得税・消費税の調査を手がけてきた経験
豊かな税理士を中心とした専門家集団。
東京事務所：東京都千代田区丸の内１－６－１　丸の内センタービル17階
大阪事務所：大阪府大阪市北区堂島１－５－30　堂島プラザビル５階
名古屋事務所：愛知県名古屋市中区栄３－15－33　栄ガスビル８階

目　次

第1章　相続ビジネスの基礎

I　相続ビジネスとは何か ………………………………………………… 2

　1　富裕層を理解する ……………………………………………………… 2

　2　相続税の申告を行う資産家の9割は資産2億円以下 ……………… 3

　3　どのようなアドバイザリー業務を展開するのか …………………… 3

II　相続ビジネスが想定する顧客層 …………………………………… 7

　1　顧客を見つける能力 ………………………………………………… 7

　　■コラム　自称「相続税の専門家」から顧客を守る　7

　2　2億円以下の層に対するアドバイザリー業務 …………………… 8

　3　2億円を超える層に対するアドバイザリー業務 ………………… 9

　　■コラム　超富裕層の問題点とは　10

III　アドバイザリー業務のサンプル事例 ………………………………… 10

第2章　相続税の申告が必要な人を見極める
──相続税ビジネスの第一歩「基礎控除額の計算」（スキル1）

　1　基礎控除額を超えるかどうか　★★★ ………………………………… 16

　2　相続人の範囲と相続順位は──法定相続人を理解する　★★★ ……… 22

　3　相続人と法定相続分　★★★ …………………………………………… 26

　4　相続財産を取得しない場合　★★★ …………………………………… 30

　　■コラム　署名と記名　33

目　次　v

5 借金を引き受ける相続人を
遺産分割協議で限定した場合の効果 ★★☆ ················· 33

6 養子を増やすほど基礎控除額は増加するか ★★☆ ················· 35

7 民法上の相続人と
相続税法上の相続人の数は一致しない？ ★★☆ ··············· 36

第3章　遺産分割の理解を深める（スキル2）

1 遺産分割のやり直し ★★★ ··· 44

2 遺産分割のバリエーション
──現物分割・換価分割・代償分割 ★★☆ ·················· 45

3 財産分与と遺贈 ★☆☆ ·· 48

第4章　相続税の計算の仕組みを知る（スキル3）

1 1億6,000万円まで
配偶者には相続税がかからないというが ★★★ ··············· 56

2 相続税の申告書の仕組みを知る ★☆☆ ····························· 59

第5章　死亡保険、保険に関する権利を理解する（スキル4）

1 死亡保険があるならば
保険に関する権利もあるのではないか ★★★ ·················· 66

2 生命保険の保険料の贈与 ★★★ ···································· 69

3 税務署員のつぶやき「嘘でしょ」 ★★★ ·························· 73

4 生存給付金付定期保険の仕組み ★★★ ···························· 75

5 中小企業の社長が亡くなったときは、

　　死亡退職金の非課税限度額を上手に使う　★★☆ ……………76

6 死亡退職金を支給する時に気をつけるべきこと

　　──法人税上の過大退職金　★★☆ ………………………………77

　　■コラム　過大役員退職金とは　78

第6章　自宅や事業用地の課税価格の特例（スキル5）

1 被相続人の自宅敷地の課税価格の特例

　　（特定居住用宅地等課税価格の特例）　★★★ …………………82

2 特定事業用宅地等の課税価格の特例と

　　特定同族会社事業用宅地等の課税価格の特例　★★★ ………92

3 その他の小規模宅地等の特例（貸付事業用宅地等）　★★☆ ………94

　　■コラム　実務の目のつけどころ（どんな場面で使うか）　96

第7章　相続税の納税義務者を知る（スキル6）

1 相続税の納税義務者 …………………………………………………100

2 相続税の国際課税　★☆☆ …………………………………………101

3 特定納税義務者 ………………………………………………………113

4 相続財産の帰属 ………………………………………………………120

第8章　遺言についてより深く学ぶ（スキル7）

1 遺言とは何か …………………………………………………………126

2 相続させる旨の遺言について学ぶ …………………………………126

目　次　vii

3	相続分の指定という遺言もある	127
4	遺贈について学ぶ	128
5	遺言書のモデル	129

第9章 相続税の2割加算（スキル8）

| 1 | 加算の対象者 | 137 |
| 2 | 加　算　額 | 137 |

第10章 贈与税を実務的に理解する（スキル9）

1	贈与とは	140
2	贈与税の時効と名義預金	141
3	よくある質問　暦年贈与を使った節税の基礎知識 ☆☆☆	146

第11章 相続税対策としての贈与（スキル10）

1	お金持ちの税率（相続税額算定の秘密）を知る ★★★	152
2	お金持ちが教育資金贈与をすると	157
3	贈与税の非課税財産という奇妙な規定を知る ★★★	161
4	贈与税の配偶者控除
	（自宅土地建物または購入資金の贈与）★★★	163
5	直系尊属から住宅取得等資金の
	贈与を受けた場合の贈与税の非課税	164

■コラム　とりあえず贈与をすると相続税の節税になるというのは

本当でしょうか　168

viii

6 直系尊属から結婚・子育て資金の
一括贈与を受けた場合の贈与税の非課税 ······················ 169

付録資料 ··· 171
事項索引 ··· 187

※目次と本文中の星（★）の数は重要度を示します。

第1章

相続ビジネスの基礎

Ⅰ │ 相続ビジネスとは何か

1 富裕層を理解する

　富裕層に対するアドバイザリー業務において重要なことは、当然のことですが、真に役に立つサービスを顧客に提供することです。高齢社会における資産家の関心は、自分がコントロールできる日常的な財産管理よりも、自らコントロールできない相続による財産の分割と承継にあります。その際に徴収される税金も重要です。人が亡くなるだけで、国家が10～55％の税率で相続税を徴収するからです。法定相続人だけでなくオクニという隠れた相続人もいるということです。

　相続と相続税に係るアドバイザリー業務（相続ビジネス）は、富裕層にとって有益なサービスであり、したがって、相当な手数料収益をあげることができるビジネスです。これには、遺言信託、遺産整理、生命保険販売、融資、ビジネスマッチング（住宅メーカー紹介、不動産仲介業者紹介、税理士紹介）という5種類の業務があります。

　ただし、すべての顧客に対して相続ビジネスを提供すべきかといえばそうではありません。相続ビジネスは基本的に富裕層ビジネスです。仮に相続税の申告が必要な層を富裕層と定義すると、富裕層は年間に亡くなる人の1割ほどにすぎません。平成29年を例にとると、年間死亡者数は134万人、相続税の申告件数は14万件です。相続税の申告が必要な人数は年間に亡くなる人の約1割なのです。

　この数字をもとに推計すると、金融機関の顧客のうち、10～15％が相続ビジネスの中心となる顧客層だということができます。

2 相続税の申告を行う資産家の9割は資産2億円以下

　では、相続ビジネスの対象となる相続税申告者はどのくらいの財産をもっている人たちなのでしょうか。注目すべきは財産の額による階級別割合です。階級はおおざっぱに3分類することができ、各階級に属する相続税申告者の割合は図表1－1のとおりです。

　相続税の申告が必要な層のうち、資産が1億円以下の層が全体の70％弱、2億円以下で集計すると全体の9割となります。主な相続ビジネスの対象顧客は、資産規模が3,000万～2億円までの層なので、相続ビジネスの担当者は、この層に生ずる問題と解決策をきちんと提示するために必要な知識さえしっかり身につければ顧客の役に立つアドバイザリー業務を展開することができます。

図表1－1　相続税申告者の階級別割合

財産額	割合
1億円以下	70%
2億円以下	20%
それ以上	10%
合計	100%

（注）　10％未満は四捨五入。
（出所）　国税庁資料より筆者作成

3 どのようなアドバイザリー業務を展開するのか

(1)　遺言信託業務における収益機会

　相続ビジネスの担当者が行うアドバイザリー業務の中心となるのは、遺言

第1章　相続ビジネスの基礎　3

信託です。遺言信託とは、委任契約を通じて公正証書遺言の作成を補助し、相続が開始すると執行者として公正証書遺言を執行する業務です。これを遺言信託と称していますが、信託法が予定する「信託」とは無縁です。遺言信託という商品の実質は、公正証書遺言の作成と遺言執行者としての業務です。

　遺言信託業務には上述の二つの面があり、遺言書作成時には、保有資産の効率化（遊休不動産の処分、不稼働資産を稼働資産に組み替えたり、相続時も整理しやすい状態にすること）と節税の補助を行います。相続開始時には、遺産の整理換金、遺産分割協議書の作成など遺言執行および付随業務を行います。加えて、遺言執行終了後には相続人の保有資産の効率化と節税に関するアドバイザリー業務があります。これらの業務から生ずる収益機会は次のとおりです。

① **遺言作成補助・執行業務**……遺言を書こうとする顧客に対し公正証書遺言の作成を補助。相続開始時には遺言執行者に就任し、遺言執行を行う。

　→遺言書作成補助業務報酬

　　遺言執行報酬

② **生命保険販売**……相続手続を経験した相続人（特に未亡人など）は、二次相続について具体的な心配を始めます。相続人が受け取る死亡保険金は、非課税限度額までは節税になるとともに、遺産の一部を保険金というかたちで受け取る手続の容易さや迅速さがセールスのポイントになります。また、生存給付金付生命保険は被相続人やその配偶者が契約能力を失ったときにも自動的に実質的な贈与ができる商品であり、死亡保険金の非課税限度額とは別の相続税対策が可能となる点がセールスのポイントです。

　→保険販売手数料

③ **二次相続の遺言信託**……二次相続についての遺言信託受託業務があります。多くの場合、二次相続の相続人は子どもたちだけになり、遺言があれ

4

ば遺産分割協議が円満に完了する可能性が高くなります。相続税が課税される場合は、遺言の書き方により相続税が増えることも減ることもあり、「ここは落とし穴がありそうだから税理士の意見を求めなければならない」ということがわかる程度の水準まで担当者も相続税の知識をもつことが必要です。

　→遺言書作成補助業務報酬

　　遺言執行報酬

④　**自宅のリフォーム、建替え**……遺言作成時に財産を承継しやすいかたちに整える業務があります。遺言者が元気ならば、快適な老後を送るため、自宅のリフォームや建替え、戸建ての売却やマンションの購入などの相談を受け、住宅メーカーや工務店を紹介する仕事です。

　→ビジネスマッチング（住宅メーカーから収受する顧客紹介手数料、不動産仲介業者からの顧客紹介手数料）

⑤　**遊休地の換金、収益物件への投資、買替えなど**……複数の不動産を所有している顧客には、(i)保有継続すべき不動産（自宅、収益物件）、(ii)換金すべき不動産（効率の悪い収益物件、遊休地など）、(iii)贈与すべき不動産、(iv)不動産管理法人に移転すべき不動産に分類し、不動産の有効利用と収益源の分散を図ることを目的とした、相続と相続税対策のアドバイザリー業務のニーズがあります。

　→ビジネスマッチング（不動産仲介業者から収受する顧客紹介手数料）

(2)　遺産整理における収益機会

　店頭に「父が亡くなったので預貯金や投資信託の相続手続に来たのだけど」とおっしゃるお客様がいらしたときに、その先には、次のような収益機会があります。

①　**遺産整理業務**……遺産を被相続人から相続人名義に移転する業務です。

遺産の明細書を作成し、相続人の要望を伺い、10年後、20年後に支障が生じないように遺産分割のアドバイスを行います。遺産分割協議の結果に基づき遺産を分配することも業務の一つです。葬儀費用や相続後に発生する税金（所得税の準確定申告）や相続税の申告を行う税理士を紹介することもあります。

→遺産整理業務報酬

　ビジネスマッチング（税理士から収受する顧客紹介手数料）

②　**生命保険販売**……相続手続を経験した相続人（特に未亡人）は、二次相続について具体的な心配を始めます。そこで、(1)と同じように生命保険を活用した相続税対策をアドバイスするチャンスが生まれます。

→保険販売手数料

③　**二次相続の遺言信託**……(1)と同じように二次相続の遺言信託受託業務があります。相続税が課税される場合は、遺言の書き方により相続税が増えることも減ることもあるので遺言信託業務の担当者には、ある程度の相続税の知識（ここは落とし穴がありそうだから税理士のアドバイスが必要だということがわかる程度の知識）が求められます。

→遺言書作成補助業務報酬

　遺言執行報酬

④　**自宅のリフォーム、建替え**……相続人が二次相続に備えて、自宅のリフォームや建替え、戸建て住宅の売却とマンションの購入などをする場合に、アドバイスを行うとともに、住宅メーカーや工務店、不動産仲介業者を紹介する仕事です。

　→ビジネスマッチング（住宅メーカー、不動産仲介業者から収受する顧客紹介手数料）

⑤　**遊休地の換金、収益物件への投資、買替えなど**……遺産に複数の不動産がある場合、(1)と同様に不動産の有効利用と収益源の分散を図ることを目

的として二次相続と相続税対策のアドバイザリー業務のニーズがあります。

→ビジネスマッチング（不動産仲介業者から収受する顧客紹介手数料）

II 相続ビジネスが想定する顧客層

1 顧客を見つける能力

　相続ビジネスにおいては、相続税が課税されない人たちも対象になるのですが、やはり相続税の申告が必要な人たちが収益をもたらす顧客層の中心を占めます。このため相続ビジネスを展開するには、相続税の申告義務がある資産家を判別する能力が必要です。

　相続税の申告件数は、年間に亡くなる人の約10％です。そうすると、相続ビジネスの顧客層は、多めにみても既客層の10〜15％だということがわかります。相続ビジネスの基本は、この層に対し、いかに遺言信託を活用していただくか、補充的に、遺言がなくて亡くなった方の相続が円滑に進行するよう適切なアドバイザリー業務を行うということです。

　また、すでに説明しましたが、相続ビジネスの対象となる相続税の申告が必要な富裕層の約9割は、財産総額2億円以下の人たちなのです。

コラム

自称「相続税の専門家」から顧客を守る

　われわれは、少子高齢多死時代を迎えています。現在、年間に亡くなる人は140万人ほどですが、ピーク時には165万人になるといわれています。この時代に自称「柜

第1章　相続ビジネスの基礎　7

続税の専門家」という人が数多く出現しています。高級スーツを身にまとい、いい加減なアドバイスで報酬を得ている人たちもいます。彼らのアドバイスによって資産を相続に不適切な状態にさせられた人も少なくありません。地域金融機関の使命として、知識やノウハウに不足する自称専門家から顧客を守るということが大切な仕事になっています。

2　２億円以下の層に対するアドバイザリー業務

　金融機関の相続ビジネスにおいて、お客様を専門家につなぐ窓口の役割を果たす人たちに求められるのは、アドバイザリー業務です。コンサルティングではありません。

　相続ビジネスを始める金融機関が陥る定型的な誤りがあります。お客様の財産の評価明細書を作成し、相続税対策はこのように行いましょうという提案書をつくって満足することです。どこが誤りかといえば、相続財産２億円以下の層の財産構成は、不動産は自宅だけ、金融資産は預貯金・投資信託・上場株式・国債・生命保険などに限定され、比較的シンプルでわざわざ時間をかけて提案書をつくるまでもないのです。財産が２億円以下の顧客に対し、提案書をつくるのは時間のムダ以外の何物でもありません。BtoBの習慣をリテールに持ち込んではいけません。相続財産の額が２億円以下の層に対するアドバイザリー業務は、お客様の家族構成と財産の明細をヒアリングし、30分〜１時間で問題点と解決方針を示すことです。

　提案書の作成件数目標を立て、件数を競うというのもよくある誤りです。資産規模２億円以下の層に対する提案書の作成は時間のムダなだけでなくヒューマンタッチなやりとりができなくなる可能性があるのです。相続ビジネスで大切なことは、極力、お客様との会話のなかで、お客様の抱えている問題点と解決策をお話しできるようになることです。

リテール業務の相手は生きた人間、それも80〜90代の高齢者と50代前後の推定相続人です。ビジネスに慣れた営利法人の社員や役員ではありません。提案よりも、雑談のなかで信頼を得、プライベートな問題を開示されるようにならなければなりません。そのうえで、ご本人が無自覚な問題点も指摘し、適切な解決策を提示することがお客様の利益になり、ひいては相続ビジネスの収益機会にもなるのです。

3 2億円を超える層に対するアドバイザリー業務

2億円を超える富裕層は全体の10％強です。この層は、資産規模が大きくなればなるほど、問題も大きくなります。最もアドバイスが必要なタイプは資産が同族株式や土地など特定の種類の財産に固定され、流動性が低い（お金が少なく納税資金に不足する）タイプです。これには次の4種類があります。

① 多額の自社株（非上場株式）を保有している。

② 多額の上場株式を保有している。

③ 多額の不動産を保有している。

④ 多額の金地金や海外預金を保有している。

これらのタイプの場合、税理士、弁護士、建築士、デベロッパーなどの専門家を活用し、相続しやすいかたちに財産を整理するとともに、円滑な相続のための諸種の対策（家業の承継対策、贈与特例、事業承継税制、種類株、物納準備、民事信託など）を行います。

また、この層が求めるアドバイザリー業務は、承継対策を超えて、子弟の結婚、留学などに及ぶこともまれではありません。

第1章 相続ビジネスの基礎 9

> ### コラム
> #### 超富裕層の問題点とは
>
> 　財産を一人で所有していると特に不合理・不都合を生じないのですが、相続により分割・分散すると全体のバランスが崩れてしまうことにより問題が生じます。たとえば、不動産を共有する人数が増えるほど、取扱いは複雑化します。超富裕層が抱える諸種の問題に対する解決策をアドバイスすることにより多額の手数料収入を得るビジネスをプライベートバンキング業務と称します。

Ⅲ　アドバイザリー業務のサンプル事例

　典型的な事例を 8 つあげます。各々の事例に対し、どのような質問をすると上手に問題点を抽出できるでしょうか。解決策を示してあげられるでしょうか。事例を意識して本書を読み進めてください。

［事例 1 ］

　Ａさん（女性：88歳）は、夫に先立たれ、自宅に一人住まいです。夫が亡くなった時に、一人娘は「遺産はすべてお母さんに」といってくれたので、5,000万円の預金と自宅（相続税評価額2,000万円）はＡさんがすべて相続しました。その時、娘には内緒にしていたのですが、へそくりを貯めたＡさん名義の預金が2,000万円ありました。

［事例 2 ］

　10年ほど前に都市部から引っ越してきたＢさん（男性：78歳）は、昨年、胃の手術をしたので、そろそろ終活をと考えています。自宅には妻と 2 匹の猫がいます。財産は自宅の土地建物（敷地の 2 分の 1 は10年前に配偶者への贈与特例で評価額2,000万円まで妻に贈与してあります）、預貯金3,000万円、上場

株式3銘柄900万円です。Bさんは地元で生まれ、定年まで県庁に勤務していました。辞めた時にもらった退職金は2,000万円ほどです。また、親から引き継いだ土地を10年前に1億円ほどで譲渡しています。

［事例3］

Cさん（女性：84歳）は、独居老人です。夫はすでに亡く、長男は米国で仕事をしています。長男の家族は嫁と孫との三人家族で米国の家は長男が購入した長男名義の家です。長女は嫁いで夫の父母と祖父と三世帯で近所に住んでいます。Cさんの財産は自宅（相続税評価額：土地1億円、建物200万円）と預貯金・投資信託合計7,000万円です。

［事例4］

Dさん（男性：94歳）は20歳そこそこで戦地から復員し、一つの会社に55歳の定年まで勤務し、その後は年金暮らしをしていました。2年ほど前に要介護の状態になり、いまは老人ホームにいます。配偶者は20年ほど前に他界しています。自宅はDさんが老人ホームに転居した時のまま空き家になっています。

［事例5］

Eさん（二男）の母親が本年3月1日に亡くなりました。父親はすでに亡く、相続人は兄弟三人です。相続財産のうち不動産は自宅と賃貸物件が2カ所、同族会社の工場兼本社の敷地、三男の自宅敷地です。父の代からの同族会社はEさんと三男が経営しています。その株式は母が2分の1（6,000株）、兄弟が各々6分の1（1,000株）所有しています。不動産と同族会社の株式以外の遺産は預金が5,000万円、長男受取人の生命保険が500万円あるだけです。

［事例6］

Fさんの父親はすでに95歳です。都市近郊に5,000㎡の土地（広大な土地で

すが、進入路は幅員3.7mで多数の戸建てを建てることはできず、しかし相続税評価額は高い）と自宅、駅前の1,000㎡の土地には築50年の小さなビル（5階建て）が3棟、貸地が2カ所あります。築50年のビルを解体するには、アスベストの問題から費用がかかります。現金預金は900万円ほどしかありません。母親は10年前に他界しています。

[事例7]

　Gさん（男性：63歳）の両親は二人とも開業医でした。父親（88歳）と母親（82歳）はともに引退し、クリニックはGさんが継いでいます。全体で800㎡の土地の上に、自宅とクリニックの建物が立っています。母親が産婦人科医であったので、クリニックの2階にはいまは使っていない入院可能な病室が6室あります。建物は築60年でだいぶ老朽化しています。その横に自宅建物があります。何度もリフォームしているので、古くても居心地のいい家です。自宅には両親が居住し、Gさんは近くのマンションに妻と暮らしています。父親の金融資産は株式が十数銘柄4億円、預貯金が数カ所の銀行に分散して3億円あります。母親の金融資産も株式が3億円、預貯金が2億円あります。

[事例8]

　Hさん（女性：88歳）の夫は5年前に亡くなりました。夫が亡くなった時に、自宅は同居の長男（69歳）が相続したので自宅はすべて長男名義ですが、その時400㎡ほどの青空駐車場はHさんが相続しました。Hさんの収入は遺族年金と駐車場の収入（月額30万円ほど）です。それ以外の財産は、預貯金が3,000万円ほどです。

【参考資料】　平成29年分の相続税の申告状況

課税価格階級 Taxable amount class	①　申告件数 Statistics of filing returns	②　納税額があ る申告件数 Statistics of taxation	③　納税額ゼ ロの件数 （①－②）	申告件数 累計	累計申告 割合
	被相続人の数 Number of ancestors				
		人 Person			
5,000万円以下	30,442	10,189	20,253	30,442	21.158%
5,000万円超	65,900	56,180	9,720	96,342	66.960%
1億円　〃	31,642	29,538	2,104	127,984	88.951%
2億円　〃	7,828	7,782	46	135,812	94.392%
3億円　〃	4,789	4,766	23	140,601	97.720%
5億円　〃	1,578	1,575	3	142,179	98.817%
7億円　〃	875	872	3	143,054	99.425%
10億円　〃	633	632	1	143,687	99.865%
20億円　〃	114	114	0	143,801	99.944%
30億円　〃	50	50	0	143,851	99.979%
50億円　〃	11	11	0	143,862	99.987%
70億円　〃	3	3	0	143,865	99.989%
100億円　〃	16	16	0	143,881	100.000%
合　計	143,881	111,728	32,153		

（出所）　国税庁統計資料より抜粋

第 2 章

相続税の申告が必要な人を見極める

——相続税ビジネスの第一歩
「基礎控除額の計算」（スキル１）

1 基礎控除額を超えるかどうか ★★★

> **ケース**　お客様から「うちは相続税の申告が必要かしら」と聞かれました。できるだけ正確にお答えするには、情報が必要です。お客様にどのようなことをお尋ねしたらよいでしょうか。

ポイント ....

　最初に相続人の数をヒアリングする必要があります。

　資産家が亡くなると、多くの場合、相続税の申告が必要になります。ただ、亡くなった方の相続人すべてが相続税の申告を行わなければならないわけではありません。亡くなった方が一定の金額を超える財産を残した場合だけ相続税の申告が必要となります。この一定の金額のことを「基礎控除額」といいます。

　遺産の額が基礎控除額を超えなければ、相続税の申告書を税務署に提出しなくてもすみます。相続の手続において、税務署が関心を寄せる層なのか税務署に調査に来てくれと頼んでも来てくれない層なのかによって対応が異なってきます（基礎控除額を超えないと、調査に来てくれないのです）。

　お客様と接する際、単純に**遺産のおおよその時価が基礎控除額を超えるか**

遺産のおおよその時価	＞	基礎控除額

・固定資産税の評価額がわかれば、土地は評価額を1.25倍した金額とします。
・建物は固定資産税評価額そのものを使います。
・預金・株式など金融資産は概算額を聞き取ります。
・葬式費用や借入金、過去の贈与などはこの時点では無視してください。

どうかを考えて会話を進めます。

　明らかに基礎控除額を超える場合や超える可能性が認められる場合は、申告期限を告げて、要望に応じ税理士を紹介するとともに遺産整理を勧めます。

　最近は、配偶者や子どもがいない資産家も少なくなく、兄弟相続においては中心となって相続手続を行う相続人がいないので、遺産整理業務を受託する件数が増えています。

　相続税の申告期限は、被相続人が亡くなった日から10カ月目の応答日です。

　　　例：1月10日死亡→11月10日
　　　　　3月23日死亡→翌年1月23日
　　　　　4月30日死亡→翌年2月28日

　ただし、基礎控除額を超えたからといって必ずしも納税額が発生するわけではありません。

　基礎控除額を超える遺産があれば、原則として相続税の申告書を提出することが必要です。しかし、申告書を提出しても納税額はゼロ円という場合もあります。遺産の額は、基礎控除額を超えるのですが、特例を適用すると課税価格は基礎控除額内に収まり、納税額がゼロ円になる場合や、税額控除という特例を使うと納税額がゼロ円になる場合があるのです。

　このような場合は、そのことを明らかにした相続税の申告書を税務署へ提出しなければなりません。

　特例を使うことにより遺産の課税価格が基礎控除額以下となる典型的な例は、自宅の敷地の課税価格が330㎡まで最大80％減額になる小規模宅地等の特例が適用される場合です。納税額が大幅に減少する税額控除には、配偶者の税額軽減特例があります。配偶者が取得する財産については1億6,000万円か法定相続分に相当する額のうちどちらか大きなほうまで納税額が控除さ

第2章　相続税の申告が必要な人を見極める　17

れます。

　お客様が求める答えは、相続税の申告が必要か否かですから、実務においては、単純に遺産の額が基礎控除額を超えるか否かを見定めます。このことはお客様と話をしている間に判断してお答えするレベルの問題なので、おおざっぱでいいのです。基礎控除額を超えるかどうか判定がむずかしいお客様には、税理士が正確な評価額を算出した段階で、申告義務がないと判断されることもある旨を説明し、税理士を紹介するほうが安心です。

　このように、相続のアドバイザリー業務では、概要を聞き取るだけで大まかな答え（行動指針）を導き出せるようになることが大切です。

　基礎控除額を正しく計算するために、法定相続人の数を知る必要があります。相続人の数を聞き取り、相続税の基礎控除額を正確に計算できるようになることは、相続アドバイザリー業務の第一歩です。

解　説 ･･･

(1)　基礎控除額の計算

　基礎控除額を計算するための算式は次のとおりです。

> ［算式］
> **遺産に係る基礎控除額**＝3,000万円＋600万円×法定相続人の数

問い

　亡くなったＡさんには配偶者も子どもも孫も両親も兄弟も甥姪もいません。Ａさんは遺言で友人のＹさんにすべての財産を遺贈することにしていました。Ｙさんの相続税の申告では、基礎控除額はいくらになるでしょうか。

18

▌答え

　左の算式に当てはめて考えてください。算式の法定相続人のところに０と入れた結果は3,000万円です。法定相続人がいない場合でも基礎控除はあるのです。

　<u>遺産に係る基礎控除額</u>とは、各相続人や受遺者の<u>課税価格の合計額</u>から控除する金額で、<u>相続税の課税最低限度額を表しています</u>。遺産に係る基礎控除額よりも課税価格の合計額が少ない場合には、相続税は課税されないので申告書の提出は不要です。

　ただし、小規模宅地等の課税価格の特例などを受けて課税価格の合計額が基礎控除額を下回る場合には納税額はゼロ円になりますが、この場合には特例を受ける地位にあることを税務署に対し説明するために、申告書を税務署に提出する必要があります。

(2) 各相続人や受遺者とは

　Aさんが亡くなり、相続人は配偶者Bと娘Cの二人です。相続税の世界では、この場合、配偶者と娘のことを各々の相続人という意味で「各相続人」といいます。

　Aさんが生前に遺言書でどの財産をだれに相続させるか細かく指示しているケースでは、原則として、個別に指定されていた人が指定された財産を取得します。

　たとえば、「妻Bに自宅を相続させる。BとCに金融資産の2分の1を

各々相続させる。それ以外の財産はBに相続させる」と記載していたようなケースです。BやCは、民法で相続人として定められている人（法定相続人といいます）です。遺言書で「相続させる」と記載されていると、指定された個々の財産の所有権は相続開始（被相続人の死亡）とともに指定された人に移転します（これを「遺産分割方法の指定」といいます）。

遺産分割方法の指定である「相続させる旨の遺言」は、この度の民法改正で「特定財産承継遺言」として立法化されました（改正民法1014条1項）。相続させる旨の遺言や特定財産承継遺言の理解は遺言ビジネスにとって重要ですが、少し複雑になるので詳しくは中級編でご説明します。ここでは、相続人に譲る場合は「だれに何を相続させる」と書き、相続人以外の人に譲る場合は「遺贈する」と書くのが相続実務のポイントだと理解しておいてください。

(3) 課税価格の合計額

各相続人の課税価格を合計した金額を課税価格の合計額といいます。相続

図表2－1　相続税計算のプロセス

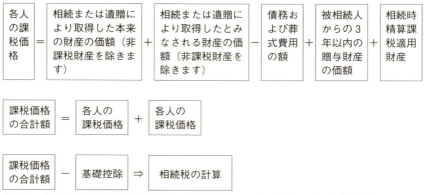

（出所）　税務大学校「税務大学校講本　相続税法　2019年度版」25頁より筆者作成

税の計算では、相続人ごとに計算した課税価格を合計して相続税の総額を算出します。各々の相続人が取得した課税対象となる財産の金額を左の図表2－1上段の方法で算定し、合計します。

　先ほどの例でいえば、配偶者と娘は各々、①どのような財産を取得したか、②死亡保険金や死亡退職金など相続税法で相続税の対象として課税される財産を取得していないか、③Ａさんには借金などの債務がないか、お葬式の費用はだれが負担したのか、④Ａさんから過去に贈与を受けている相続人はいないか、⑤贈与を受けた日付はＡさんが亡くなった日からさかのぼって3年以内に当たらないか、⑥贈与税の申告書を税務署に提出したときに相続時精算課税を適用した財産がないかをヒアリングします。

　課税価格の計算では、死亡保険金の非課税限度額を適用したり、自宅の小規模宅地等の特例などを適用して相続税評価額よりも減額した金額を使ったりします。単純に相続税評価額の合計から債務や葬式費用を控除するだけではありません。

(4)　**会話のポイント**

　お客様から「父が亡くなったので相続税の申告が必要でしょうか」と尋ねられたら、被相続人がいくら財産を残したのか、基礎控除額を上回るのかどうかを判断すればよいのです。相続税の申告が必要になるのは、課税価格の合計額（特例適用前）が基礎控除額を超える場合ですが、もし、担当者が相続税法をよく知っていたとしても、それ以上の細かい計算や特例を意識してお客様に質問する必要はありません。

　基礎控除額を超えるようなら亡くなった日から数えて10カ月目までに相続税の申告が必要です。相続税の申告を行うための必要書類を用意しなければなりません。

　ここでは、申告が必要な人かどうかを判断し、必要ならば、遺産整理をセー

ルスするとともに必要に応じ税理士の紹介を早急に行うことが必要です。

2 相続人の範囲と相続順位は──法定相続人を理解する

> **ケース**
> お客様から「私は後妻なの。夫の先妻の子どもが一人いると聞いているのだけど、どこにいるか知らないのです。病弱だと聞いているので、もし夫より先に亡くなっていた場合は、相続人はだれになるの」と聞かれました。どのように答えたらよいでしょうか。

ポイント

　法定相続人とは、民法で定められた相続人をいいます。民法は、遺言第一主義をとり、遺言があれば遺言により相続し、遺言がない場合にはじめて民法が定める相続人と相続分による相続が行われる旨を定めています。

　民法が定める相続人は、被相続人と一定の血縁関係（法定血族を含む）を有する**血族相続人**と被相続人の配偶者であることにより相続権が認められる**配偶者相続人**の二系統に分類されます。血族相続人は、被相続人の子（直系卑属を含む）、直系尊属および兄弟姉妹（直系卑属を含む）をいいます。

　配偶者は、常に相続人となります。血族である相続人については、民法は次のように順位を定めています（民法887条、889条、890条）。

① 第1順位……**子**（代襲相続人（孫、曾孫など）を含む）
② 第2順位……**直系尊属**（父母、祖父母など）
③ 第3順位……**兄弟姉妹**（代襲相続人（甥、姪）を含む）

解　説

　具体的に相続人となる人は次のとおりです。ある人の直系卑属とは、その

図表2－2　親族関係図

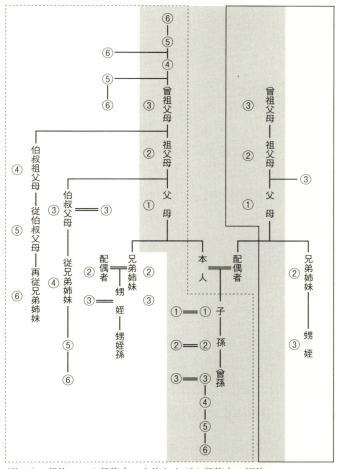

(注1)　親族……6親等内の血族および3親等内の姻族。
(注2)　血族　　　　姻族
(出所)　筆者作成

第2章　相続税の申告が必要な人を見極める　23

人の子やその子の子等のこと、直系尊属とは、その人の親やその親の親等のことを指します。

---

① 配偶者および子（子が相続開始以前に死亡または相続権を失ったときは、その直系卑属たる代襲者）
② 子がいない場合には、配偶者および直系尊属
③ 子も直系尊属もいない場合には、配偶者および兄弟姉妹（兄弟姉妹が相続開始以前に死亡または相続権を失ったときは、その直系卑属たる代襲者。ただし、甥、姪まで）
④ ほかに相続人がいない場合には、配偶者のみ

代襲者は、相続開始時点で本来の相続人が死亡している場合に、その相続人のかわりに相続人の地位になります。

親族関係図をみてみましょう（前ページ図表2−2）。網かけした部分が直系親族、その他の部分が傍系親族です。

血族とは血がつながった者をいい、姻族とは自己の配偶者の血族または自己の血族の配偶者をいいます。

◆応用問題──遺言作成における実務のポイント〈中級〉

「そろそろ90歳になったから遺言を書こう」とAさんが言い出しました。昨年も一昨年もさんざん勧めていたのに、まだ若いからといっていたので、担当者は目を白黒しています。Aさんは生涯独身で夫や子どもはありません。両親もすでに他界しています。

Aさんには兄が三人、姉が二人いました。長女、長男、二男、三

男、二女、三女という順で、三女がＡさんです。長女と兄たちはすで
に鬼籍に入り、２歳年上の二女は生きていますが認知症がだいぶ進ん
でいます。長女、長男、二男、三男にはそれぞれ子どもが一人ずつい
ましたが、これもすでに亡くなっています。

　Ａさんは、長女の子どもの子どもＸ（Ａさんからみると姪の子：姪孫^{テツソン}）と仲がよいのでこの子に財産をすべて渡したいと考えています。
法定相続人は何人でしょうか。基礎控除額はいくらになるでしょう
か。姪孫に対してはどのような遺言を書くことになるでしょうか。

解　答

　兄弟姉妹が相続人である場合、まず、生存する兄弟姉妹が法定相続人で
す。現存する兄弟姉妹は次女だけです。

　次に、すでに他界している兄弟姉妹の子ども（甥姪）が法定相続人になり
ます（代襲相続人です）。甥姪もすでに亡くなっている場合、その子ども（姪孫^{テツソン}）が生存していても、相続人にはなりません。

　そうすると、Ａさんの法定相続人は二女だけだということになります。

　基礎控除の計算は、3,000万円＋600万円×法定相続人数一人＝3,600万円
となります。

　Ａさんは法定相続人である姉（次女）ではなく、長女の子どもの子どもＸ
（姪孫^{テツソン}）に財産をすべて渡したいので、財産を包括遺贈することになります。
遺言の書き方としては「すべての財産をＸに遺贈する」という内容となりま
すが、実務では、円滑に執行できるよう、できるだけすべての財産を書き出
し、いわゆる「特定遺贈の積み重ねの包括遺贈」というかたちの遺言書を作
成し遺言執行者を指定します。

　なお、次女はＡさんの姉妹ですから遺留分がありません。Ａさんがすべて
の財産をＸに遺贈するという遺言を作成した時から、Ｘが遺産分割協議で次

第２章　相続税の申告が必要な人を見極める　25

女に財産を譲ってくれない限り、次女はＡさんの財産を相続する可能性がなくなります。

3 相続人と法定相続分 ★★★

> **ケース**
>
> お客様から「私は後妻なの。夫の先妻の子どもがどこかにいるかもしれないのだけど、病弱だと聞いているので、もし夫より先に亡くなっていた場合は、相続人は夫の父母になり、夫の父母が夫より先に亡くなっていたら夫の兄弟になり、夫の兄弟が先に亡くなっていたらその子どもたち、私からみると甥姪までは相続人になるのね。その時々のケースによって私が相続できる割合って変わるのかしら」と質問を受けました。どのように答えますか。

ポイント

　配偶者と共同相続する相手が子どもの場合、配偶者の相続分は２分の１です。直系尊属の場合、３分の２です。兄弟姉妹の場合、４分の３です。

解　説

　複数の相続人が共同で相続する場合、これらの相続人を**共同相続人**と呼びます。共同相続人は、相続により被相続人の権利義務を各自の相続分に応じて承継します（民法896条）。

　民法は、法定相続分および代襲相続分について次のように定めています（民法900条、901条）。

(1) 法定相続分

　法定相続分は右の図表２−３のとおりです。

26

図表2-3　法定相続分

相続人	法定相続分	留意事項
子と配偶者	子　　　　2分の1 配偶者　　2分の1	子が数人あるときは、子の法定相続分を均分します。
直系尊属と配偶者	直系尊属　3分の1 配偶者　　3分の2	直系尊属が数人あるときは、直系尊属の法定相続分を均分します。
兄弟姉妹と配偶者	兄弟姉妹　4分の1 配偶者　　4分の3	兄弟姉妹が数人あるときは、兄弟姉妹の法定相続分を均分します。

（注）　非嫡出子の相続分については、嫡出子の2分の1とされていたが、平成25年9月4日付の最高裁判所の決定によって違憲と判断され、平成25年12月11日、嫡出子と同じ相続分となるよう民法が改正された。改正後の民法は、平成25年9月5日以後に開始した相続について適用することとされたが、最高裁の違憲決定があることから、平成13年7月1日以後に開始した相続についても、すでに遺産分割が終了しているなど確定的なものとなった法律関係を除いては、嫡出子と嫡出子でない子の相続分が同等のものとして取り扱われる。
（出所）　筆者作成

(2)　代襲相続分（代襲相続人の相続分）

　代襲相続とは、本来の相続人が被相続人より先に亡くなってしまった場合、本来の相続人にかわって（代襲して）相続することをいいます。父A、長男B、長男の子Cという家族で、父Aが亡くなると長男Bが相続しますが、Aよりも前にBが亡くなってしまった場合は、CがBにかわって（代襲して）相続します。

　代襲相続人となる直系卑属（孫、曾孫など）の相続分は、被代襲者（子、孫など）が受けるべきであった相続分を代襲して相続（直系卑属が二人以上いるときは、受けるべきであった相続分を均分）するにとどまります。兄弟姉妹の代襲相続人（兄弟姉妹の子）の相続分についても同様です。直系卑属は親より子が先に亡くなった場合は孫が相続人になり、子も孫も親より先に亡くなった場合は曾孫が相続人になるというように下へ下へと代襲相続権が発生

第2章　相続税の申告が必要な人を見極める　27

します。兄弟姉妹の場合は、兄弟姉妹の代襲相続人である甥姪が被相続人よりも先に亡くなると、代襲相続は甥姪までで終了します（姪孫とも呼ばれる甥姪の子どもたちがさらに代襲相続することはありません）。

◆練習問題 （解答184ページ）

◇基礎 ★★★

1　被相続人には三人の子どもと配偶者がいます。基礎控除額を計算してください。

2　被相続人は生涯独身でした。配偶者も子どももいません。兄弟姉妹が相続人になりますが、被相続人は五人兄弟の末っ子で、一番上の姉は亡くなりその子ども（姪）もすでに亡くなり、姪の子どもたちである姪孫が三人います。2～4番目の姉や兄もすべて先に亡くなり、その兄弟姉妹の子どもたち（甥姪）が合計十八人います。基礎控除の計算をしてください。

3　被相続人には配偶者も子どももいません。両親や兄弟にも先立たれ、甥姪もいません。遺産は遺言により友人の子ども二人に遺贈されました。基礎控除額の計算をしてください。

4　受遺者を説明してください。法定相続人が受遺者であった場合と、法定相続人は遺産をまったく取得せずに、法定相続人がいるのに他人がすべての財産の受遺者であった場合とで、基礎控除額の計算に異なる点はありますか。

5　Aは平成31年2月2日に亡くなりました。相続税の申告期限は何日でしょうか。Bは令和元年5月3日に亡くなりました。Bの相続税の申告期限は何日でしょうか。

　　BがAの相続人であった場合はどうなりますか。BはAの相続税の申告

28

書を提出する前に亡くなっています。Bの相続人CはBにかわってAの相続税の申告書をいつまでに提出しなければならないでしょうか。

◇中級　★★☆

次の各々の事例において<u>相続税の基礎控除を計算するときの</u>法定相続人の数と法定相続分を説明してください。

例1　被相続人には配偶者と長男、長女、二男がいます。長男は相続を家庭裁判所で放棄しました。

例2　被相続人には配偶者と長男、長女、二男がいますが、子どもたちは全員相続を放棄しました。その結果、遺産は配偶者と被相続人の父母が取得しました。

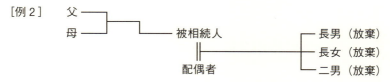

例3　被相続人には配偶者と長男がいます。相続開始時点までに被相続人と配偶者は長男の子ども（孫）二人と養子縁組を行っていました。

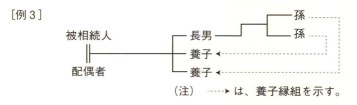

例4　被相続人には配偶者と長男と孫が二人います。被相続人と配偶者は長

男の嫁を養子にしました。その後、長男の子ども（孫）のうち一人を養子にしました。

[例4]

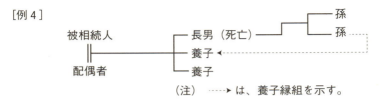

（注）┈┈▶ は、養子縁組を示す。

（出所：税務大学校「税務大学校講本　相続税法　2019年度版」34頁）

◇上級　★☆☆

被相続人Aには配偶者も子どももいません。両親も兄弟も甥姪もいません。被相続人は遺言で全財産を同族会社甲社（株式はAの友人Bが100％所有）に遺贈しました。甲社や友人Bにはどのような税金がかかりますか。相続税の申告が必要な場合、基礎控除額はいくらになりますか。

4　相続財産を取得しない場合　★★★

ケース

亡くなった人（A）には、配偶者（妻B）と娘（C）が一人いました。来店した妻Bから、「娘Cが「お母さんが財産を全部相続して。私は放棄します」といっている。どうしたらよいだろうか」という相談がありました。どのように答えたらよいでしょうか。

ポイント

どのような形式で相続放棄をするつもりか確認しましょう。
「相続財産を取得しない」という方法には2種類あります。「事実上遺産を

取得しない方法」と「正式に家庭裁判所に相続放棄の申請を行う方法」です。

解　説 ·····································

（1）　二つの方法

「事実上遺産を取得しない方法」は、遺産分割協議書を使う方法です。事例に沿って説明すると、相続人全員（事例では妻Bと娘C）で遺産分割協議書を作成し、そのなかで、夫Aが残した財産はすべて妻Bが相続すると記載し、妻Bと娘Cが署名押印（実印）します。娘Cは相続人としての地位を維持します。Cは、財産を相続しなくても、被相続人Aに債務があればそれを支払う義務を承継します。もし、Aが税金を滞納していたり、お金を借りていたりした場合、税務署や債権者は妻Bだけでなく娘Cにも請求できます。金銭で支払うことができる債務は分割することが可能な債務なので、債権者は、妻Bと娘Cに対し、各々債権額の2分の1（法定相続分）を請求できます。

「正式に家庭裁判所で相続放棄の申請を行う方法」を選択すると、娘に最初から相続人ではなかったことになります。そのためには、娘は相続の開始を知った日から3カ月以内に家庭裁判所に「相続放棄の申述」を行い受理審判されることが必要です。受理審判された娘は最初から相続人ではなかったものとみなされます。娘Cに子どもD（ABからみると孫）がいてもDも遺産を相続できません。事例のように子どもが一人の場合は、相続放棄が行われると、次の順位の相続人、この場合、被相続人の両親が生きていれば両親、二人とも亡くなっている場合は、祖父母も亡くなっていれば、被相続人の兄弟姉妹が相続人になります。兄弟姉妹のうち、亡くなっている人がいれば甥姪が相続人になります。

このように相続を正式に放棄すると、最初から相続人でなかったことにな

第2章　相続税の申告が必要な人を見極める　31

るので、同一の順位の相続人がいなくなると、配偶者は第2順位の相続人（両親）や、第3順位の相続人（兄弟姉妹）と話し合って遺産分割協議書を作成しなければならないことになります。これは結構不便なことなので、実務では、家庭裁判所で正式に相続放棄の手続をとる人は比較的少ないといえるでしょう。

ただし、**相続税の基礎控除額を計算するときの法定相続人の数は、相続の放棄がなかったものとした場合の人数です。**

(2) 遺産分割協議書作成の実際

事例のように相続人の一人または複数が「私は遺産はいらない」ということがあります。事例の場合は、娘Cがいらないといっているので、多くの場合は、被相続人の妻Bがすべての遺産を相続するという遺産分割協議書を作成します。遺産分割協議書にはBとCが連名で署名押印（実印）します。家庭裁判所に相続放棄の申述をするという手続はとらないので法律上は娘にも相続権が残ります。この結果、新たに相続財産が見つかったときには、新たな財産について娘が取得するという遺産分割協議をすることも可能です。

税務面では、妻Bが遺産のすべてを相続すると、妻の法定相続分か1億6,000万円の多いほうの金額まで税金がかからなくなります（相続税の申告書は提出することが必要です。税務署は提出された申告書をもとに、配偶者が実際に取得した財産の明細や評価額を国税庁のコンピュータに入力してデータを保存します）。

妻がすべての遺産を取得すると、妻が将来亡くなったときの税金がどうなるか（ものすごく高くならないか）という問題はあります。この二次相続の問題は非常にデリケートなので、お客様のご要望に応じて相談を受けるというかたちが理想的です。勝手に二次相続の税額のシミュレーションを提示すると不評を買うことがありますので、注意しましょう。

（注）　二次相続のシミュレーションは「相続支援ナビOui」（https://souzoku.jtmi.jp/taxprime/top_page）で簡単にすることができます。

> **コラム**
> 署名と記名
>
> 　遺産分割協議書を作成するときには相続人や包括受遺者が署名押印を行います。「署名」とは自分の名前を自筆することです。相続税の申告では一定の場合、署名と実印の押印、印鑑証明書の添付が要求されることがあります。配偶者が取得した遺産の額に対応する税額を控除したり（配偶者の税額軽減特例）、特定の親族が取得することが要件になっている自宅の小規模宅地等の課税価格の特例を受ける場合は、すべての相続人や包括受遺者が署名押印（実印）した遺産分割協議書と全員の印鑑証明書を相続税の申告書に添付することが必要です。
> 　遺産分割協議書本文や相続人の住所までは印字できますが、相続人の署名ではなく記名（名前を印字）しかなされていない遺産分割協議書では特例を受けることができません。

5　借金を引き受ける相続人を遺産分割協議で限定した場合の効果

お客様「あのね。亡くなった夫は弟の会社から1,000万円借金していたのよ。知らなかったわ〜。何に使ったのかしらね。ほんとに嫌！　今回の相続で子どもたちは財産はいらないというのよ。どうせ私の老後資金で消えてしまうからもらっても仕方がないっていうの。それはそうとして、じゃ、この1,000万円の借金はどうするのよっていったら、それはお母さん、全部遺産を相続するの

第2章　相続税の申告が必要な人を見極める　33

だから、借金も引き受けてくれなくちゃ、だって。まあ、仕方がないわよね。で、こういう場合、どうしたらいいの」

ポイント ･･

　被相続人が遺言を残さずに亡くなった場合、共同相続人全員がそろってだれがどの財産を取得するかを話し合います。話合いの結果を遺産分割協議という契約書にします。事例のようなケースでは、配偶者（妻）がすべての遺産を取得し、子どもたちは財産を取得しないという遺産分割協議書を作成します。この時、積極財産だけでなく被相続人が負っていた債務もだれがいくら負担するという取決めをすることが珍しくありません。このような共同相続人同士の取決めは債権者に対しては効果がありません。金銭債権は分けることができるので、債権者は共同相続人各々に対し、法定相続分を支払えと請求できます。

　被相続人をA、相続人を妻Bと子どもCとした場合、Aに1,000万円貸していた債権者Xは、BとCに対し法定相続分（事例では各々2分の1）に当たる500万円ずつ支払えといえます。この1,000万円の債務について、BCが遺産分割協議書で「Bが全額負担する」と記載（約束）しても、Xはその記載に拘束されません。ただ、XからBに対し、「あなたが1,000万円全額払うと決めたのだから1,000万円全額払ってください」ということはできます。債務の負担について遺産分割協議書で取り決めても、取り決めた相続人の間でしか効果がありませんが、債権者がそれを利用して支払を請求することはできるということです。

┃　問い

　Aの相続人は妻Bと子どもCです。子どもCは父Aの財産を取得しないことにして二人で遺産分割協議書を作成しました。相続税の申告書は遺産のす

34

べてを取得する妻だけが提出すればよいでしょうか。

▌ 答え

　相続税の申告書を提出する義務のある者は、原則として、相続または遺贈により遺産を取得した個人です。法定相続人であっても遺産をいっさい取得しない人（厳密には死亡保険金や退職金などの「みなし相続財産」も含めて相続財産をいっさい取得しない人）には納税義務が生じませんから、相続税の申告書を提出する義務はありません。設問では、妻Ｂだけが申告書を提出し、遺産を取得しない子どもＣは申告書を提出する義務はありません。

6　養子を増やすほど基礎控除額は増加するか ★★☆

ケース

　お客様から「相続人の数で基礎控除額が決まるなら、たくさん養子を迎えて子どもの数を増やせば相続人の数が増えるから基礎控除額も増えて節税にならないかな」と聞かれました。

ポイント ●●●

　法定相続人である子どもがまったくいない場合は、養子二人までは基礎控除額が増えます。実子がいる場合は、養子を何人とっても、養子一人分しか基礎控除額は増えません。

解　説 ●●●

　被相続人に養子がいる場合には、次の区分に応じて、相続税の計算上「法定相続人の数」に算入する養子の数が制限されます。

① **被相続人に実子がいる場合　　一人**

② **被相続人に実子がいない場合　二人**

　この場合、次の者は実子とみなして①または②の数を計算します（相続税

第2章　相続税の申告が必要な人を見極める　35

法15条3項、相続税法施行令3条の2)。
- (ⅰ) 特別養子縁組（民法817条の2第1項）による養子となった者
- (ⅱ) 配偶者の実子で被相続人の養子となった者
- (ⅲ) 配偶者の特別養子縁組による養子となった者で被相続人の養子となった者
- (ⅳ) 実子等の代襲相続人

7 民法上の相続人と相続税法上の相続人の数は一致しない？

ケース お客様から「相続を放棄しようと思うのだけど、相続税の納税などで不利になることはないの」と聞かれました。どのように答えたらよいでしょうか。

ポイント

　相続放棄をすると、法定相続人が移動することがあります。妻と子どもが相続人であった場合、子ども全員が相続を放棄すると、次順位の被相続人の父母が妻とともに法定相続人になりますし、父母がいない場合などは被相続人の兄弟姉妹が相続人になります。

　ただ、相続税の計算においては、相続放棄がなされても放棄する前の法定相続人をもとに基礎控除や相続税の総額の計算をすることになっています。したがって、法定相続人が相続を放棄してもしなくても国に納める相続税の総額は変わらないことになっています。

　ただ、死亡保険金や死亡退職金の非課税限度額は法定相続人が受け取った場合しか適用がないので、相続放棄した人が死亡保険金などを受領すると非課税とはなりません。この点では不利になります。ただし、相続放棄をした

被相続人の子どもが保険金を受け取った場合、非課税の限度額は使えませんが、相続税が２割加算されるようなことは起きません。配偶者と１親等の親族以外の者が遺産（みなし相続財産を含む）を取得すると相続税が２割加算されるという規定は、配偶者や１親等の親族が同時に民法上も相続人である場合とは規定していないからです。

　これに対し、相続放棄を行った場合は、相続税法上は、放棄がなかったものとして法定相続人の数を計算します。たくさんの養子をとっても実子がいる場合は一人まで、実子がいない場合は二人までしか相続税法上は法定相続人の数に入れません。

解　説 ••

　民法上の相続人の数と相続税法上の相続人の数を計算する場合、下の図表２−４のとおりの違いがあります。

図表２−４　相続人の数の確定のための相続関係者の区分表（第１順位の相続人の場合）

相続関係者の区分				民法上の相続人	相続税法上の法定相続人
相続権を失った者				×	×
相続を放棄した者				×	○
その他の者	配偶者			○	○
	子	実子		○	○
		養子	特別養子、連れ子である養子	○	○
			その他の養子 　１人又は２人	○	○
			上記以外	○	×

（注）　表の中の○印は該当、×印は非該当を示す。
（出所）　税務大学校「税務大学校講本　相続税法　2019年度版」24頁

第２章　相続税の申告が必要な人を見極める　37

相続権を失った者（相続廃除や相続欠格）は民法上の相続人にも相続税法上の法定相続人にも該当しません。基礎控除額の計算などでは相続権を失った者は相続人の数には入れません。父Aを長男Bが虐待しているような場合、Aは家庭裁判所にBを相続廃除する申立てができます。申立てが認められるとBは相続権を失います。この場合、Bに子どもCがいるとCが代襲相続人になります。

法定相続人が被相続人を殺害すると相続権を失います。被相続人を脅迫して自分に有利な遺言書を書かせたような場合も相続権を失います（相続欠格）。これら相続廃除や相続欠格事由に該当して民法上相続権を失った場合、相続税法上も法定相続人の数にカウントすることはありません。

相続放棄をした者は、民法上は相続人ではありませんが、相続税法上は基礎控除額の計算をするときなどに法定相続人として計算します。

配偶者や実子、特別養子、連れ子である養子は民法上の相続人でもあり、相続税法上の法定相続人の数にカウントします。その他の養子は、被相続人に実子がいる場合は一人まで、実子がいない場合は二人まで相続税法上の法定相続人としてカウントします。一人または二人を超えた養子は民法上は相続人であっても、相続税法上は法定相続人の数に入れません。

◆応用問題〈中級〉 ★★☆

相続税の計算をするときに、「相続放棄した場合や養子の数の制限」などについて、基礎控除額の計算の際に使う法定相続人数の制限と同じように、法定相続人の数を判定する場合があと三つあります。どのような場合でしょうか（相続税法15条2項に規定する相続人の数）。

38

解　答

① 生命保険金等の非課税限度額の計算

② 退職手当金等の非課税限度額の計算

③ 相続税の総額の計算

解　説 ･･

生命保険金や退職金の非課税限度額の計算式は次のとおりです。

[算式]

500万円×「法定相続人の数」＝保険金・退職金の非課税限度額

法定相続人の数は、相続放棄しなかったとした場合の数です。

この非課税規定を適用できる相続人には相続を放棄した者および相続権を失った者は含みません。この規定は、生命保険の場合は、保険制度を通じて貯蓄増進を図ること、退職金もあわせた趣旨としては、被相続人の死後における相続人の生活安定のための社会的見地から設けられたものです。そのため、その適用が受けられる者は、相続人（相続を放棄した者または相続権を失った者を除く）に限られます。

問い

被相続人には配偶者と子どもが三人います。被相続人死亡による保険金が2,000万円出ました。死亡保険金の受取人は、孫でした。この保険契約の保険料は被相続人が支払っていました。孫が受け取った保険金の非課税限度額はいくらでしょうか。

答え

法定相続人が受け取ると非課税限度額は次のとおり2,000万円ですが、事

第2章　相続税の申告が必要な人を見極める　39

例の場合、孫は法定相続人ではないので、孫が受け取った2,000万円全額が課税対象とされます。

500万円×法定相続人数4人＝2,000万円

◆応用問題〈上級〉　★☆☆

> 被相続人には配偶者と三人の子どもがいます。被相続人は浪費家で亡くなった時点で1億円ほどの借金がありました。財産は、死亡退職金（1,000万円）以外には預金が20万円ほどしかありませんが（自宅は借家）、死亡保険金が1億2,000万円出るそうです。
>
> どのようなアドバイスができますか。

解　答

①　積極財産　死亡退職金　　　1,000万円

　　　　　　　預金　　　　　　　 20万円

　　　　　　　死亡保険金　1億2,000万円

　　　　　　　合計　　　　1億3,020万円

②　消極財産　借金　　　　　1億円

選択肢1　死亡退職金と預金、死亡保険金の合計額から1億円の借金を返済する。1億円の借金を控除すると課税価格は3,020万円となり基礎控除の額は5,400万円あるので相続税の申告は不要となる。

選択肢2　相続放棄を行う。被相続人の父母や兄弟などほかに法定相続人がいない場合（ほかに法定相続人がいる場合は、順次相続放棄をしてもらうことが必要）、債権者は遺産1,020万円から貸付金を回収する。残額は回収不能となる。

死亡保険金は遺産ではなく保険契約の受取人の固有の契約上の権利なので、債権者は手を出せず、遺族は1億2,000万円の死亡保険金を受け取るが、相続放棄していると弁済義務は承継しない。配偶者と三人の子どもは1億2,000万円の死亡保険金について相続税の申告を行うが、相続放棄をしているので、死亡保険金の非課税限度額2,000万円（500万円×4）を適用できず、課税価格は1億2,000万円として相続税の計算を行う。配偶者が半分を取得すると納税額は402万円となる。

項　　目	金額（円）
課税価格	120,000,000
基礎控除	54,000,000
課税遺産総額	66,000,000
配偶者以外の納税額	4,020,000

第3章

遺産分割の理解を深める
（スキル2）

1 遺産分割のやり直し ★★★

> **ケース**
>
> お客様から次のような質問がありました。どのように答えたらよい
> でしょうか。
>
> 「父が亡くなり、4カ月後に母と姉と私でだれが何を取得するか協
> 議して遺産分割協議書をつくり、各自署名押印しました。自宅につい
> ては母2分の1、姉と私で各4分の1ずつ相続することにしていまし
> た。
>
> 相続税の申告を税理士に依頼したところ、姉は母と同居しているの
> でこのままで節税になっているが、遠方に住んでいる私が相続すると
> 私が相続した4分の1については自宅の小規模宅地特例を使えない
> （80％減額できない）といわれました。いまから分割協議をやり直し、
> 母と姉で相続するように訂正できないでしょうか」

ポイント ....

　遺産分割とは、共同相続人が相続開始後、相続財産を各共同相続人の間で
分配することをいいます。遺産分割は、被相続人が遺言で禁じた場合を除
き、いつでもでき、また、遺産分割にあたっては、共同相続人間の合意があ
れば法定相続分に従わない分割をすることができます。分割の効果は、相続
開始の時にさかのぼって生じます（民法909条）。

　民法上は相続人全員が合意すれば遺産分割協議のやり直しは可能ですが、
国税庁は、一度有効に成立した遺産分割協議は協議そのものに無効原因や取
消原因がない限り、再度の協議分割における取得分の変更に関しては、贈与
税の課税対象となるとしています。

> **解　説**

　裁判所は、遺産分割協議のやり直しを共同相続人全員が合意すれば有効だとしています。これに対し、国税庁は遺産分割協議のやり直しは贈与に当たるとしています。そこで実務上は、すでに遺産分割協議書を税務署に提出しているかという点がポイントになります。相続税の申告書と一緒に遺産分割協議書を税務署に提出しているのならば、それと異なる遺産分割協議書を作成して財産を動かすと、贈与税を課税されるおそれがあります。

　まだ相続税の申告書を提出していないのならば、相続人全員が合意して遺産分割協議書を作成し直して、新たな遺産分割協議書をもとに相続税の申告書を作成することが可能です。

2　遺産分割のバリエーション ──現物分割・換価分割・代償分割

> **ケース**
>
> 　お客様から次のような質問がありました。どのように答えたらよいでしょうか。
> 　「亡くなった父は不動産を四つ所有していました。自宅土地建物と賃貸マンション３部屋です。相続人は母と二人の兄と私です。自宅は母に相続してもらい、残りのマンションは兄弟三人でＡマンションは長男が、Ｂマンションは二男が、Ｃマンションは私が相続したらよいと考えていたのですが、毎年父が所得税の申告を依頼していた税理士がいうのには、ＡＢＣ各々のマンションの賃貸収入が異なるので不公平になるし、母にも家賃収入が入ったほうがいい、それに四人に分けたほうが全体の所得税が少なくなって有利だというのです。本当にそ

第３章　遺産分割の理解を深める　45

うなのか疑問があります。どうしたらよいでしょうか」

ポイント ••

遺産分割の方法には現物分割、換価分割、代償分割という3種類があります。不動産を共有のかたちにして相続するという方法や、Aは長男、Bは二男、Cは長女が相続するというのが現物分割です。ただし、不動産を共有でもつのはやめましょう。家族四人が健康で仲良く暮らしているうちはいいのですが、時が過ぎると、子どもたち三人の経済状況も変わってきます。たくさん稼ぐ人もあれば、失業する人も出るかもしれません。そんなときに、不動産を処分して当面の生活費に充てようとしても、他の兄弟が同意しないと換金することが困難です。4分の1の持分だけを買ってくれる他人はなかなか見つかりません。見つかったとしても、今度は残りの兄弟が他人と不動産を共有することになりいろいろと不便です。兄弟の一人が亡くなると、今度は伯父二人と甥姪や亡くなった兄弟の配偶者が不動産の共有者になります。共有者が兄弟だった時と同様に意思の疎通が円滑にいくとは限りません。

解　説 ••

遺産分割方法には次の3種類があります。

現物分割	遺産を現物のまま分割する方法で、多く行われる方法です。
換価分割	遺産の一部または全部を金銭に換え、その換価代金を分割する方法です。
債務負担による分割（代償分割）	共同相続人の一人または数人が遺産の現物を取得し、取得した者が他の相続人に対し、自己の財産を与える方法です。

（注）　遺産分割の手続としては、①協議分割、②調停分割、③審判分割がある。

現物分割は、特定の資産を特定の人が相続するというやり方です。遺産分割の基本は、すぐに換価するのでなければ共有で相続することは避けること

です。高齢化が進むと共有者が認知症になってしまうケースも生じてきます。認知症になり、成年後見制度の適用を受けると裁判所が後見人を選任します。裁判所から選任された後見人は被後見人のことだけを考えて財産管理の方針を立てますから、被後見人が生活するのに十分な金融資産がある場合は、不動産を換価することになかなか同意してくれません。そうすると他の共有者が換金してお金がほしいときにも共有不動産を売却することが事実上できないことになります。

換価分割は、遺産の全部または一部をお金にかえて分割する方法です。遺産が３億円のビル一つしかなく金融資産もほとんど残していない場合、ビルを売って分けるという方法が考えられます。換価分割の弱点は、譲渡所得が発生してしまうことです。含み益（値上り益）がある遺産を売却すると値上り益に対し譲渡所得税が課税されます。このときは、相続税の取得費加算の特例の適用を検討します。取得費加算の特例とは、相続開始の日以降、相続税の申告期限の翌日から３年目の年末までに遺産を譲渡すると、その遺産に対し課税された相続税を値上り益の計算過程において取得費に加算できるという所得税の特例です。

代償分割は、共同相続人の一人または数人が遺産の現物を取得し、ほかの相続人に対し、自己の財産を与えるという方法です。相続人が三人、遺産は長男の会社が店舗として使っている３億円のビルだけだというようなケースで、長男がそのビルを相続し、他の二人の相続人に各々１億円を支払うというような方法です。ほかの兄弟に支払う合計２億円のお金は長男が自己資金で手当したり、自分の経営する会社や金融機関から借りて払います。

相続税の世界でも、長男はビル３億円を相続税の申告書第11表（相続税がかかる財産の明細書）に計上するとともに、二男と長女に支払う２億円を第11表でマイナス計上します。二男と長女は相続税の申告書第11表に相続で取得した財産として各々１億円を計上します。

第３章　遺産分割の理解を深める　47

代償分割の特色は、すべてが相続の世界で完結することです。長男が取得するビルだけでなく、二男や長女が各々取得する1億円も相続で取得した財産と考えることができるのです。長男は他の二人に現金を払いますが、ビル自体は相続で取得したことになるので譲渡所得の問題は生じません。

3 財産分与と遺贈 ★☆☆

ケース

お客様から次のような質問がありました。どのように答えたらよいでしょうか。

「妻とうまくいかなくなった。別れたいと思うのだけど離婚に伴う財産分与のためにどれだけ渡す必要があるのかわからないのです。生きている間は我慢して、死別、といっても僕が亡くなる場合のことだけど、その時はどのくらい渡す必要があるのだろう。詳しい理由はいえないがなるべく少なくしたいのです。恥ずかしいのですが、一人息子ともそれほどうまくいっていないので、もしものときには、財産は孫娘にできるだけ渡したいのです。どうしたらよいか」

ポイント ••

離婚に伴う財産分与は原則として離婚時点で所有している財産の2分の1を与える必要があります。

遺言で遺留分を害さない範囲で遺産分割方法の指定や相続分の指定をする方法をとると、妻の相続分を4分の1と制限することができます。

推定相続人が妻と一人息子の二人である場合、息子の相続分を遺留分の範囲に制限するとこれも4分の1とすることができます。残り2分の1を孫娘に遺贈することが可能です。

48

> **解　説**

(1) 財産分与とは

離婚に伴う財産分与とは、夫婦が共同で形成した財産を公平に分配することです。

夫婦が協力して得た財産の額についての夫婦の貢献の程度、婚姻期間の長さ、婚姻中の生活水準、婚姻中の協力および扶助の状況、夫または妻の年齢、心身の状況ならびに職業その他いっさいの事情を考慮して決められますが、原則として2分の1を分与するとされることが多いようです。

(2) 遺言による相続分の制限

遺言で配偶者に相続させる財産を制限することができます。ただ、まったく渡さないという遺言を作成しても、そのまま効力が生ずるとは限りません。推定相続人は遺留分という権利を有しているからです。

人は生きている間は、所有する財産を意のままに処分することが可能ですが（すべての財産を赤十字などに寄付してしまい無一文になることもできます）、亡くなった後の財産の帰属を決めることは制限されています。

妻子が相続人となる場合、相続開始時点の財産の半分は自由に処分できるのですが（これを「自由分」といいます）、残りの半分は相続人の期待を守る

ために遺留分として遺言で自由に処分できないこととされています（これを「遺留分」といいます）。

相続人が直系尊属だけの場合は遺留分は相続財産の３分の１に制限され、相続人が兄弟姉妹の場合は遺留分はありません。

相続人が妻子なら遺言で財産の半分を赤十字に寄付することができます。相続人が両親だけなら３分の２を寄付することができ、相続人が兄弟姉妹だけならすべての財産を寄付することができるということです。

よく遺留分に関して「法定相続分の２分の１」などと表現しますが、厳密には法定相続人全員の遺留分が遺産の２分の１である場合、遺産の２分の１に法定相続分をかけた数字がその相続人の遺留分なのです（改正民法1042条）。民法改正前は遺留分に関する権利が行使されるとすべての遺産について受遺者等と遺留分権利者との共有関係が生じ、遺産の管理や処分に支障が生じていました。民法改正後は、遺留分に関する権利の行使により遺贈等が効力を失うのでなく、遺留分侵害額に相当する金銭債権（遺留分侵害請求権）が生ずることとされました（改正民法1046条１項）。

(3)　孫娘に財産を取得させるには遺贈か死因贈与契約

孫娘は法定相続人ではありません。遺言により、被相続人の財産を相続人や相続人以外の者や法人に無償譲与することを遺贈といい、それを受ける者を受遺者といいます。相続人にも遺贈はできるのですが、実務では、多くの場合、相続人に対する遺言は相続させる旨の遺言を使うので、実務上、遺贈という形式をとるのは法定相続人以外に遺言で財産を渡す場合です。

遺贈には、包括遺贈と特定遺贈とがあります（民法964条）。包括遺贈とは、たとえば、遺産の全部とか２分の１とかいうように遺産の割合を示して行う遺贈をいい、受遺者は相続人と同じ権利義務を有することになります（民法990条）。特定遺贈とは、この不動産、この株式というように特定の財

産を指定して行う遺贈をいいます。

　遺言以外で、推定相続人や相続人以外の人に死後に財産を渡す方法としては、死因贈与契約があります。死因贈与とは、生前に贈与契約をし、その効力が贈与者の死亡により生ずるものをいいます。死因贈与は、贈与者の死亡により効力が生ずる点で遺贈と似ているので、遺贈に関する規定に従うこととされています（民法554条）。

　遺贈は遺言という単独行為によって行われるのに対し、死因贈与は当事者間の契約によって成立するところに違いがあります。

◆応用問題〈中級〉　★★★

> 遺言さえあれば相続争いは起こらないという表現は誤りです。
> では、どのような点に気をつけて遺言を作成すべきでしょうか。

解　答

　プロが作成する遺言は、「特定遺贈の積み重ね」の包括遺贈に遺言執行者を付与します。初めて聞くと何をいっているのかわからない表現ですが、特定遺贈の積み重ねの包括遺贈ならば共同相続人が遺産分割協議を行う余地がまったくないのです。遺言執行者は淡々と遺言に記載されている内容を実現していけばよいのです。

　具体的に説明していきましょう。遺言者が遺言で指示できることは大きく分けて２種類あります。一つは相続分の変更です。相続人が三人の子どもと妻の合計四人ならば、法定相続分は、妻の相続分が２分の１、子どもたち全員の相続分が２分の１、三人の子どもたちは各々６分の１ずつです。これを妻の相続分を３分の２、子どもたちの相続分を各々９分の１とすることがで

第3章　遺産分割の理解を深める　51

きますし、妻の相続分を 4 分の 3、子どもたちの相続分を各々12分の 1 とすることもできます。子どもたちの遺留分は各々12分の 1 ですから、ここまで相続分を変更しても遺留分は害しません。

　ただ、実際に遺産を分けるのはそう容易なことではありません。子ども一人当りの相続分を12分の 1 に制限しても、遺産全体の評価額について相続人全員が合意しないと12分の 1 に対応する財産を特定することができないのです。たとえば、遺産全体の評価額を 1 億8,000万円とすると12分の 1 は1,500万円ですが、遺産全体の評価額が 1 億2,000万円ならば、12分の 1 は1,000万円です。

　そういう意味で、遺言で相続分を指定することは、それほど円滑な相続に役に立つわけではありません。

　もう一つ遺言でできることは、遺産分割方法の指定です。遺産分割方法の指定は、だれにどの財産を相続させるかということを遺言者が遺言で具体的に決めることです。遺言者は、自宅は妻に相続させる、自社株は経営を継いでいる次女に相続させる。預貯金は妻に 2 分の 1、残りは子ども二人に均分に相続させるというように分け方を具体的に示した遺言を作成することができます。

　このように特定遺贈の積み重ねの包括遺贈ならば、どの財産をだれが取得するかが明確に記載されているので、相続人の間で遺産分割協議をする必要がまったくないのです。遺言執行者は遺言書に記載されているとおりに執行してゆけばよいのです。

　なお、相続させる旨の遺言について、判例・実務では、相続させる旨の遺言により被相続人名義の不動産の権利を承継した相続人は、不動産登記法上、単独で登記申請をすることができるとされていることから、遺言執行者は登記手続をすべき権利も義務もないとされていましたが（最判平成11年12月16日民集53巻 9 号1989頁）、この度の民法改正では、遺言執行者は特定財産

承継遺言によって財産を承継する受益相続人のために対抗要件を具備する権限があるとされています（改正民法1014条2項）。民法改正前は、相続させる旨の遺言があれば、不動産の相続登記は受益相続人の仕事で遺言執行者は傍観していればよかったのですが、改正後は遺言執行者は相続による権利移転の登記申請をすることができ、受益相続人もまた単独で相続による権利移転の登記申請をすることができるということです。

第4章

相続税の計算の仕組みを知る
（スキル3）

1 1億6,000万円まで配偶者には相続税がかからないというが ★★★

> **ケース**
>
> お客様から次のような質問がありました。どのように答えたらよいでしょうか。
>
> 「夫が亡くなっても、配偶者は1億6,000万円までは相続税が課税されないというでしょ。うちは相続人が子どもと私の二人だから基礎控除額が4,200万円あるでしょ。そうすると2億200万円までは相続税がかからないのよね」

ポイント ....

　実はそうではないのです。課税される遺産の額が2億200万円、基礎控除額が4,200万円の場合、配偶者の税額軽減がないと3,400万円の税金がかかるのです。配偶者が相続する遺産のうち1億6,000万円か配偶者の法定相続分までは税金がかからなくなる仕組みは、配偶者に配分された税額と同額が軽減されるだけなので、ほかの相続人の納税額がまったくなくなるわけではないのです。全体の納税額（「相続税の総額」といいます）3,400万円のうち配偶者が取得する1億6,000万円に対応する税額が控除されるだけなのです。

　課税価格2億200万円に対する相続税の総額は3,400万円です。これを配偶者が取得する1億6,000万円と子どもが取得する4,200万円とで按分するのです。つまり、下記のようになるのです。

　　相続財産全体の価格は、　1億6,000万円＋4,200万円＝2億200万円

　　2億200万円に対応する相続税の総額は、3,400万円

　　配偶者が負担する相続税額は、3,400万円×1億6,000万円／2億200万円
　　＝2,693万円←この税額が控除され配偶者の納税額はゼロ円となります。

56

子どもが負担する相続税額は、3,400万円×4,200万円／2億200万円＝707万円

子どもは707万円の納税が必要です。

解説

相続税の計算では、まず遺産総額から基礎控除額を引いた額を各相続人の法定相続分で按分して各人の相続税額を算出し、全員の相続税を合計して相続税の総額を出します。事例の場合、次ページ図表4－1「相続税の総額の計算」のとおり、相続税の総額は3,400万円です。

相続税の総額というのは抽象的な国の取り分です。これを実際に相続した財産の割合で各相続人や受遺者に配分します。配分後、取得者が配偶者や子どもなど1親等の血族ではない場合、配分税額の2割を加算します。その後、相続時精算課税や暦年課税の加算額に対応する贈与税（過去に納付ずみの贈与税）、障害者控除や未成年者控除、配偶者の税額軽減額などを控除して最終的に納付すべき税額を算出します。相続税の総額は国の抽象的な取り分ですが、実際の総額は2割加算で増えたり、各種控除で減額されたりするのです。

次ページ図表4－2「各相続人に配分される税額」のとおり、配偶者が取得する相続財産について1億6,000万円まで軽減される税額（配偶者に配分される税額）は相続税総額のうち202分の160ですから2,693万円です。

図表4－1　相続税の総額の計算

	項目	金額（円）
①	遺産総額	202,000,000
②	相続時精算課税適用財産	0
③	債務および葬儀費用	0
④	相続前3年内贈与	0
⑤	課税価格（①＋②－③＋④）	202,000,000
⑥	基礎控除額	42,000,000
⑦	課税遺産総額（⑤－⑥）	160,000,000
⑧	妻の法定相続分	1/2
⑨	⑦×⑧	80,000,000
⑩	⑨に対する税額	17,000,000
⑪	子どもの法定相続分	1/2
⑫	⑦×⑪	80,000,000
⑬	⑫に対する税額	17,000,000
⑭	相続税の総額（⑩＋⑬）	34,000,000

（出所）　筆者作成

図表4－2　各相続人に配分される税額

	項目	金額（円）
①	相続税の総額	34,000,000
②	妻の取得額	160,000,000
③	課税価格	202,000,000
④	配偶者税額軽減額（①×②/③）	26,930,000
⑤	配偶者以外の人の相続税額	7,070,000

（出所）　筆者作成

2 相続税の申告書の仕組みを知る ★☆☆

相続税の総額を算出する手順について、実際の申告書の様式をたどりながら理解しましょう。

[ステップ１　相続税の申告書第１表（参考資料１）……Ａ課税価格の合計額までの計算]

相続税の申告書では第11表に取得財産の明細が記載されます。この際、本来の相続財産に加えて、非課税限度額を超えるみなし相続財産も第11表で集計されます。①第11表で集計された相続人、受遺者ごとの合計額が第１表の被相続人名の下の欄に集計されます。これに、②相続時精算課税適用財産の価額を加え、③債務および葬式費用の額が引かれ、④純資産価額が集計されます。これに、⑤相続前３年以内贈与が加算され、⑥の課税価格が計上され、その合計がＡ課税価格の合計額として集計されます（図表４－３参照）。

図表４－３　課税価格の合計額の計算

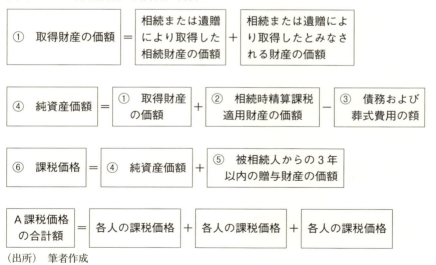

（出所）　筆者作成

第４章　相続税の計算の仕組みを知る　59

相続または遺贈により財産を取得した者に係る課税価格（各人の課税価格）を個々に計算し、その後、同一の被相続人から相続または遺贈により財産を取得したすべての者の相続税の課税価格の合計額を計算するのです。

[ステップ2　申告書第2表（相続税の総額の計算書、参考資料3）……相続税の総額の計算]

　申告書第1表・A課税価格の合計額から遺産に係る基礎控除額を控除した額（課税遺産総額）をもとに相続放棄がないとした場合の相続人ごとの法定相続分を算定し、相続税の速算表により法定相続人ごとの相続税額を算出した後、合計します。これが相続税の総額です。

[ステップ3　申告書第1表および第1表（続）（参考資料1、2）……各人の算出税額の計算]

　相続税の総額を各人が取得した財産の額（割合）に応じ配分し、各人の算出税額を計算します。

[ステップ4　相続税の申告書第1表および第1表（続）（参考資料1、2）……各人の納付税額の計算]

　各人の算出税額から各人に応じた各種の税額控除額を控除し（配偶者の税額軽減額の計算書につき参考資料4）、各人の納付すべき税額を計算します。

【参考資料１】

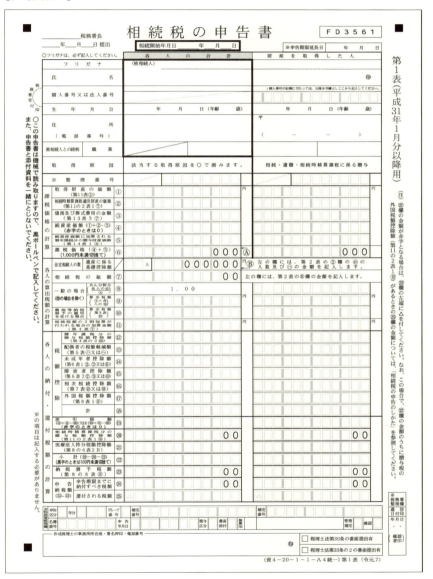

第４章 相続税の計算の仕組みを知る 61

【参考資料２】

相続税の申告書(続)

FD3562

第
1
表
（
続
）
（
平
成
31
年
1
月
分
以
降
用
）

○この申告書は機械で読み取りますので、黒ボールペンで記入してください。

○フリガナは、必ず記入してください。

		※申告期限延長日　年　月　日 財産を取得した人	※申告期限延長日　年　月　日 財産を取得した人
	フ リ ガ ナ		
	氏　　　名	㊞	㊞
	個人番号又は法人番号	↓個人番号の記載に当たっては、左端を空欄としここから記入してください。	↓個人番号の記載に当たっては、左端を空欄としここから記入してください。
	生 年 月 日	年　月　日（年齢　　歳）	年　月　日（年齢　　歳）
	住　　　所 （ 電 話 番 号 ）	〒 （　　−　　−　　）	〒 （　　−　　−　　）
	被相続人との続柄　職　業		
	取 得 原 因	相続・遺贈・相続時精算課税に係る贈与	相続・遺贈・相続時精算課税に係る贈与
	※　整 理 番 号		

課税価格の計算

	取得財産の価額 （第11表③）	①	円	円
	相続時精算課税適用財産の価額 （第11の2表1⑦）	②		
	債務及び葬式費用の金額 （第13表3⑦）	③		
	純資産価額（①＋②−③） （赤字のときは0）	④		
	純資産価額に加算される 暦年課税分の贈与財産価額 （第14表1④）	⑤		
	課税価格（④＋⑤） （1,000円未満切捨て）	⑥	000	000

各人の算出税額の計算

	法定相続人の数	遺産に係る基礎控除額			
	相 続 税 の 総 額	⑦		
	一 般 の 場 合 （⑩の場合を除く）	あん分割合 各人の⑥ ⑧		
		算出税額 ⑦×各 ⑨	円	円
	農業相続人が 農地等納税猶予の適用を受ける場合 （第3表⑨）	算出税額 ⑩		
	相続税額の2割加算が行われる場合の加算金額 （第4表⑦）	⑪	円	円

各人の納付・還付税額の計算

税額控除	暦年課税分の贈与税額控除額 （第4表の2⑤）	⑫		
	配偶者の税額軽減額 （第5表○又は○）	⑬		
	未成年者控除額 （第6表1②、③又は⑥）	⑭		
	障 害 者 控 除 額 （第6表2②、③又は⑥）	⑮		
	相 次 相 続 控 除 額 （第7表⑬又は⑱）	⑯		
	外 国 税 額 控 除 額 （第8表1⑧）	⑰		
	計	⑱		
	差 引 税 額 （⑨＋⑪−⑱）又は（⑩＋⑪−⑱） （赤字のときは0）	⑲		
	相続時精算課税分の贈与税額控除額 （第11の2表⑧）	⑳	00	00
	医療法人持分税額控除額 （第8の4表2B）	㉑		
	小 計（⑲−⑳−㉑） （黒字のときは100円未満切捨て）	㉒		
	納 税 猶 予 税 額 （第8の8表⑧）	㉓	00	00
	申告納税額	申告期限までに納付すべき税額 （㉒−㉓）	㉔	00	00
		還付される税額 （㉒−㉓）	㉕		

申告書提出用	区分	年分		グループ番号	補完番号		補完番号		
	名簿番号		申告年月日			管理補完	確認	確認印	管理補完　確認

※の項目は記入する必要がありません。

(資4−20−2−1−A4統一) 第1表(続)（令元.7）

(注) ⑥欄の金額が赤字となる場合は、⑥欄の左端に△を付してください。なお、この場合で、⑥欄の金額のうちに贈与税の外国税額控除額（第11の2表⑨）があるときの⑥欄の金額については、「相続税の申告のしかた」を参照してください。

【参考資料３】

相 続 税 の 総 額 の 計 算 書

被相続人 [   ]

第2表（平成27年分以降用）

この表は、第１表及び第３表の「相続税の総額」の計算のために使用します。

なお、被相続人から相続、遺贈や相続時精算課税に係る贈与によって財産を取得した人のうちに農業相続人がいない場合は、この表の⑥欄及び⑩欄並びに⑨欄から⑪欄までは記入する必要がありません。

① 課税価格の合計額	② 遺産に係る基礎控除額	③ 課税遺産総額
第１表 ⑥Ⓐ [ ],000 円	3,000万円 + (600万円 × Ⓐ の法定相続人の数 [ ] 人) = Ⓑ [ ]万円	(①−②) [ ],000 円
第３表 ⑥Ⓐ [ ],000 円	Ⓐの人数及びⒷの金額を第１表Ⓑへ転記します。	(⑦−②) [ ],000 円

④ 法定相続人 （注）１参照		⑤ 左の法定相続人に応じた法定相続分	第１表の「相続税の総額」の計算		第３表の「相続税の総額」の計算	
氏 名	被相続人との続柄		⑥ 法定相続分に応ずる取得金額 (②×⑤) (1,000円未満切捨て)	⑦ 相続税の総額の基となる税額 下の「速算表」で計算します。	⑨ 法定相続分に応ずる取得金額 (⑥×⑤) (1,000円未満切捨て)	⑩ 相続税の総額の基となる税額 下の「速算表」で計算します。
			円 ,000	円	円 ,000	円
			,000		,000	
			,000		,000	
			,000		,000	
			,000		,000	
			,000		,000	
			,000		,000	
			,000		,000	
法定相続人の数 Ⓐ [ ] 人	合計 1		⑧ 相続税の総額 (⑦の合計額) (100円未満切捨て) 00		⑪ 相続税の総額 (⑩の合計額) (100円未満切捨て) 00	

（注）１ ④欄の記入に当たっては、被相続人に養子がある場合や相続の放棄があった場合には、「相続税の申告のしかた」をご覧ください。

２ ⑧欄の金額を第１表⑦欄へ転記します。財産を取得した人のうちに農業相続人がいる場合は、⑧欄の金額を第１表⑦欄へ転記するとともに、⑪欄の金額を第３表⑦欄へ転記します。

相続税の速算表

法定相続分に応ずる取得金額	10,000千円以下	30,000千円以下	50,000千円以下	100,000千円以下	200,000千円以下	300,000千円以下	600,000千円以下	600,000千円超
税 率	10%	15%	20%	30%	40%	45%	50%	55%
控 除 額	－ 千円	500千円	2,000千円	7,000千円	17,000千円	27,000千円	42,000千円	72,000千円

この速算表の使用方法は、次のとおりです。
⑥欄の金額×税率−控除額＝⑦欄の税額　　⑨欄の金額×税率−控除額＝⑩欄の税額
例えば、⑥欄の金額30,000千円に対する税額（⑦欄）は、30,000千円×15%－500千円＝4,000千円です。

○連帯納付義務について

相続税の納税については、各相続人等が相続、遺贈や相続時精算課税に係る贈与により受けた利益の価額を限度として、お互いに連帯して納付しなければならない義務があります。

第２表（令元.7）

（資４－20－３－Ａ４統一）

左側縦書き：
○この表を修正申告書の第２表として使用するときは、④欄には修正申告書第１表の⑫欄の⑥Ⓐの金額を記入し、⑥欄には修正申告書第３表の１の⑬欄の⑥Ⓐの金額を記入します。

第４章　相続税の計算の仕組みを知る　63

【参考資料４】

配偶者の税額軽減額の計算書

被相続人 □

第5表（平成21年4月分以降用）

私は、相続税法第19条の2第1項の規定による配偶者の税額軽減の適用を受けます。

1　一般の場合　この表は、①被相続人から相続、遺贈や相続時精算課税に係る贈与によって財産を取得した人のうちに農業相続人がいない場合又は②配偶者が農業相続人である場合に記入します。

課税価格の合計額のうち配偶者の法定相続分相当額	（第1表の④の金額）		［配偶者の法定相続分］		ⓘ※	円
	,000円 ×	＝	円			
	上記の金額が16,000万円に満たない場合には、16,000万円					

配偶者の税額軽減額を計算する場合の課税価格	① 分割財産の価額（第11表の配偶者の①の金額）	分割財産の価額から控除する債務及び葬式費用の金額			⑤ 純資産価額に加算される暦年課税分の贈与財産価額（第1表の配偶者の⑤の金額）	⑥（①－④＋⑤）の金額（⑤の金額より小さいときは⑤の金額）（1,000円未満切捨て）
		② 債務及び葬式費用の金額（第1表の配偶者の③の金額）	③ 未分割財産の価額（第11表の配偶者の②の金額）	④ （②－③）の金額（②の金額が③の金額より大きいときは0）		
	円	円	円	円	円	※ ,000

⑦ 相続税の総額（第1表の⑦の金額）	⑧ ⓘの金額と⑥の金額のうちいずれか少ない方の金額	⑨ 課税価格の合計額（第1表の④の金額）	⑩ 配偶者の税額軽減の基となる金額（⑦×⑧÷⑨）
円 00	円	,000	円

配偶者の税額軽減の限度額	（第1表の配偶者の⑨又は⑩の金額）（第1表の配偶者の⑫の金額）	⑪	円
	（　　　　　円　－　　　　　円）		

配偶者の税額軽減額	（⑩の金額と⑪の金額のうちいずれか少ない方の金額）	Ⓐ	円

（注）Ⓐの金額を第1表の配偶者の「配偶者の税額軽減額⑬」欄に転記します。

2　配偶者以外の人が農業相続人である場合　この表は、被相続人から相続、遺贈や相続時精算課税に係る贈与によって財産を取得した人のうちに農業相続人がいる場合で、かつ、その農業相続人が配偶者以外の場合に記入します。

課税価格の合計額のうち配偶者の法定相続分相当額	（第3表の④の金額）		［配偶者の法定相続分］		◎※	円
	,000円 ×	＝	円			
	上記の金額が16,000万円に満たない場合には、16,000万円					

配偶者の税額軽減額を計算する場合の課税価格	⑪ 分割財産の価額（第11表の配偶者の①の金額）	分割財産の価額から控除する債務及び葬式費用の金額			⑮ 純資産価額に加算される暦年課税分の贈与財産価額（第1表の配偶者の⑤の金額）	⑯（⑪－⑭＋⑮）の金額（⑮の金額より小さいときは⑮の金額）（1,000円未満切捨て）
		⑫ 債務及び葬式費用の金額（第1表の配偶者の③の金額）	⑬ 未分割財産の価額（第11表の配偶者の②の金額）	⑭ （⑫－⑬）の金額（⑫の金額が⑬の金額より大きいときは0）		
	円	円	円	円	円	※ ,000

⑰ 相続税の総額（第3表の⑦の金額）	⑱ ◎の金額と⑯の金額のうちいずれか少ない方の金額	⑲ 課税価格の合計額（第3表の④の金額）	⑳ 配偶者の税額軽減の基となる金額（⑰×⑱÷⑲）
円 00	円	,000	円

配偶者の税額軽減の限度額	（第1表の配偶者の⑩の金額）（第1表の配偶者の⑫の金額）	㉑	円
	（　　　　　円　－　　　　　円）		

配偶者の税額軽減額	（⑳の金額と㉑の金額のうちいずれか少ない方の金額）	Ⓑ	円

（注）Ⓑの金額を第1表の配偶者の「配偶者の税額軽減額⑬」欄に転記します。

※　相続税法第19条の2第5項（隠蔽又は仮装があった場合の配偶者の相続税額の軽減の不適用）の規定の適用があるときには、「課税価格のうち配偶者の法定相続分相当額」の（第1表の④の金額）、⑥、⑦、⑨、「課税価格の合計額のうち配偶者の法定相続分相当額」の（第3表の④の金額）、⑯、⑰及び⑲の各欄は、第5表の付表で計算した金額を転記します。

第5表（令元.7）

（資4－20－6－1－A4統一）

64

第 5 章

死亡保険、保険に関する権利を理解する（スキル４）

1 死亡保険があるならば保険に関する権利もあるのではないか ★★★

ケース

お客様 「生命保険があるけど……」
担当者 「死亡保険金が出たのですか。被保険者は亡くなったＡさんだったのですね。ほかにＡさんが掛け金を支払っていた生命保険契約はありませんか。たとえばお子さんやお孫さんを被保険者にした保険などですが」

ポイント

生命保険金は、保険料の負担者がだれなのかが重要です。

相続税の申告で死亡保険金がもれることはめったにありませんが、保険に関する権利を申告し忘れているケースはよくあります。

解　説

生命保険に関する課税態様は次のとおりです（図表５－１参照）。

① 夫が保険料を負担していて被保険者も夫、夫死亡により妻が死亡保険金を受け取った場合、この死亡保険金については相続税の課税対象とされています（みなし相続財産）。

② 満期返戻金のある生命保険契約（被保険者は妻）で保険料を負担していた夫が亡くなった場合、夫が死亡したときに解約したら戻ってくる保険金が相続財産となります（夫が契約者でもある場合は、本来の相続財産。保険契約者が夫以外の場合は、みなし相続財産）。保険契約の権利承継者が子である場合は、将来、保険事故が発生したときは子が受け取った保険金は一時所得となります。

図表5－1　生命保険金に関する課税関係一覧表

項目	保険料負担者	権利承継者	被保険者	死亡・満期保険金受取人	受取人変更	夫死亡時	保険に関する権利を相続した者	保険事故発生時（満期を含む）に保険金にかかる税金
①	夫	—	夫	妻	—	みなし相続財産	—	相続税
②	夫	子	妻	夫	子	保険に関する権利	子	所得税
③	夫	妻	妻	子	—	保険に関する権利	妻	相続税・贈与税
④	夫	—	夫	無指定	—	本来の相続財産	—	相続税

（出所）　筆者作成

③　②と同様の事例で権利承継者が被保険者である妻の場合、夫死亡時は②
　　と同様、保険に関する権利を相続税課税財産として計上します。将来保険
　　事故が発生したときは、相続税または贈与税が課税されます（妻死亡時は
　　妻を被相続人とする相続税、満期は妻から子へ贈与税）。

④　保険料を負担していた夫が亡くなったときに保険契約上の受取人が無指
　　定であるときは、亡くなった夫が受取人とされるため、死亡保険金は本来
　　の相続財産となります。

　　死亡保険金は、原則として本来の相続財産ではないので、遺言執行の対象
　になっていませんが、保険に関する権利は、保険会社に対する債権ですから
　被相続人が保険契約者であるときは、本来の相続財産です（契約者は別にい
　て、被相続人が保険料を支払っていた場合はみなし相続財産）。遺言執行や遺産
　整理では、保険契約の見落としがないよう注意しなければなりません。

死亡保険金の入金口座と過去に支払っている掛け金の引落し口座を確

第5章　死亡保険、保険に関する権利を理解する　67

認すること。

◆**応用問題**〈中級〉 ★★☆

　　相続税の申告の際に登場する生命保険は、次の３種類に分類できま
す。各々の違いを説明してください。
① 　死亡保険金
② 　保険に関する権利
③ 　未収保険金

解　答

① 　被相続人が亡くなったことを保険事故として支払われた死亡保険金は、
　被相続人が保険料を負担していた範囲で相続税の課税対象とされていま
　す。保険契約で気をつけるべき点は、保険契約者ではなく保険料を負担し
　ていた人がだれかということと、被相続人が保険料を支払っていたために
　相続税の課税対象とされる場合は、死亡保険金の受取人が法定相続人なの
　か、それ以外の人なのかです。
　　保険料の負担者が被相続人であれば、相続税の課税対象とされるので、
　保険受取人が法定相続人であれば500万円×法定相続人の数の範囲で非課
　税とされます。保険受取人が孫や相続放棄した子どもなど受け取る時点で
　民法上の相続人でなければ、非課税の枠は使えないことに注意が必要です。
② 　被保険者が被相続人以外の者であるときは、死亡保険金は出ませんが、
　被相続人が保険料を負担していた保険契約があれば、相続開始時点で解約
　したら戻ってくる返戻金が相続財産となります。死亡保険金ではないので

非課税限度額の対象とはなりません（保険に関する権利）。

③　入院保険や傷病保険で生前保険事故が発生していて被相続人が受け取る
権利が発生していた保険金は未収保険金（本来の相続財産）として相続税
の申告書に計上しなければなりません。

2　生命保険の保険料の贈与 ★★★

> ケース
>
> お客様　「私が保険料を負担し、孫を受取人にしています。孫が満
> 期保険金を受け取ると贈与税が課税されるそうですね。それは悔
> しいから、毎月の保険料を孫に贈与して、孫が保険料を負担する
> ようにしたいと思います。大丈夫でしょうか」

ポイント

「保険料の負担者はだれか」というのは税務では重要な問題です。保険料
を支払っていた人Aとは別の人Bが死亡保険金や満期保険金を受け取った場
合、Bが受け取った保険金はAからBに贈与されたものとみなす規定を相続
税法が置いているからです（被保険者がAの場合の死亡保険金には相続税が課
税されます）。税法は保険料の負担者と規定し、保険契約者と規定していな
い点に留意してください。

「保険料の負担者はだれか」という問題は、法律の解釈の問題ではなく事
実認定の問題です。税務署はお金の流れがどうなっているかを解明しようと
します。毎月あなたの口座から孫の口座に掛け金相当額が振り込まれ、孫の
口座から掛け金が引き落とされている場合、税務署は、まず、孫名義の口座
が借名口座ではないかと想定して調査します。実質的にあなたがその口座を
コントロールしていると判定されると、保険料の負担者はあなたということ
になり、お孫さんが満期保険金を受け取った時点で贈与税が課税される可能

第5章　死亡保険、保険に関する権利を理解する　69

性があります。

解　説 ・・

　生命保険の保険料に関する課税は特殊な考え方をとっています。というのは、保険契約による間接的な贈与は民法が想定する贈与契約にぴったりと当てはまらないからです。

　ケースのように祖父が保険料を保険会社に支払い、受取人として指定された孫に満期保険金が支払われる仕組みは、間に保険会社が入っているため、民法が想定する「祖父と孫との贈与契約」とはいえません。そこで、相続税法は保険金受取人（事例では孫）が死亡保険金または満期保険金を受け取ったときに「保険受取人以外の人によって保険料が負担されているとき」は、受取人は負担額に対応する保険金を負担者から贈与によって取得したものとみなす（保険料負担者が亡くなった被保険者であった場合には相続税）という規定を置いているのです。

　相続税法は、保険金の受取人が祖父以外の者である保険契約の保険料を祖父が負担していた場合、受取人が満期保険金や死亡保険金を受け取った時に課税することにしており、保険料を負担した時に保険料そのものの贈与があったとして課税しないのです。

▎問い

　山田さんは、10年間保険料を支払っていた保険契約の満期受取人を山田さんから孫に変更しましたが、変更時点では贈与税の申告の必要がありません。なぜでしょうか。

▎答え

　相続税法は、保険料負担者以外の人が満期保険金を受け取った場合、保険料負担者から満期保険金を贈与されたとみなす規定を置いているからです。

これを逆手にとって、毎月数千〜数万円の保険料は「保険契約者は孫だから孫に支払義務がある。贈与を受けているのは、月払いの保険料だ。だから満期保険金に対する贈与税課税はできない」という主張が考えられます。毎月の保険料の贈与を受けているのなら、保険料の負担者は孫になるので、満期保険金を受け取っても一時所得の課税対象となるだけです。

　このようなケースについて昭和58年9月に国税庁は「生命保険料の負担者について」という事務連絡を出しています。事務連絡のポイントは、①毎年の贈与契約書の有無、②過去の贈与税の申告書の有無、③実質保険料負担者が自身の生命保険料控除に使っていないか、④父親が子ども名義の口座に現金を振り込み、その口座から子ども名義の契約保険料が引き落とされていないかなどの点について事実認定を行うというもので、ここで想定されているケースは、どちらかといえば年間の保険料が110万円を超えない比較的少額な月払いや年払いの保険料を贈与として主張できるかというものでした。

　ところが近時、富裕層が選択するのは、そのような少額な保険料の贈与ではありません。もっと高額な金銭贈与を行い、子どもや孫が贈与を受けた資金を使って契約者兼保険料負担者として保険契約を結ぶケースです。当然、贈与が行われた時点で贈与税の申告や納税がすまされています。次の二つのケースを見比べてみましょう。

① 相続税の限界税率（お金持ちの税率、153ページ参照）を意識しない一時払契約……父が子どもを受取人とした満期返戻金のある保険契約を保険会社と結びます。保険契約者は子どもですが、保険料1,000万円は契約時点で父が負担します。被保険者は父です。満期保険金を子どもが受け取ると父から子どもへの贈与とみなされ、贈与税が課税されます。父死亡時には相続税が課税されます。

② 相続税の限界税率（お金持ちの税率）を意識した一時払契約……独居老人の父は3億円の財産を所有しています。推定相続人は子ども二人です。

父から子どもへ1,000万円を金銭贈与します。子どもは贈与税を支払います（20歳以上なら177万円、20歳未満なら231万円）。この1,000万円を贈与するだけで、相続税が400万円減少するのです。そこそこの資産家ならば1,000万円前後の贈与を行うと想定外に節税効果が高いのです。

事務連絡「生命保険料の負担者の判定について」(昭和58年9月) 国税庁

1．被相続人の死亡又は生命保険契約の満期により保険金等を取得した場合若しくは保険事故は発生していないが保険料の負担者が死亡した場合において、当該生命保険金又は当該生命保険契約に関する権利の課税に当たっては、それぞれ保険科の負担者からそれらを相続、遺贈又は贈与により取得したものとみなして、相続税又は贈与税を課税することとしている。

（注）　生命保険金を受け取った者が保険料を負担している場合には、所得税（一時所得又は雑所得）が課税される。

2．生命保険契約の締結に当たっては、生計を維持している父親等が契約者となり、被保険者は父親等、受取人は子供等として、その保険料の支払いは父親等が負担しているというのが通例である。このような場合には、保険料の支払いについて、父親等と子供等との間に贈与関係が生じないとして、相続税法の規定に基づき、保険事故発生時を課税時期としてとらえ、保険金を受け取った子供等に対して相続税又は贈与税を課税することとしている。

3．ところが、最近、保険料支払能力のない子供等を契約者及び受取人とした生命保険契約を父親等が締結し、その支払保険料については、父親等が子供等に現金を贈与し、その現金を保険料の支払いに充てるという事例が見受けられるようになった。

4．この場合の支払保険料の負担者の判定については、過去の保険料の支払資金は父親等から贈与を受けた現金を充てていた旨、子供等（納税者）から主張があった場合は、事実関係を検討の上、例えば、(1)毎年の贈与契約書、(2)過去の贈与税申告書、(3)所得税の確定申告書等における生命保険料控除の状況、(4)その他贈与の事実が認定できるものなどから贈与事実の心証が得られたものは、これを認めることとする。

3 税務署員のつぶやき「嘘でしょ」 ★★★

ケース

お客様 「毎年同じ額を贈与するとたくさん贈与税を払うことになる可能性があるから、贈与する額は変えたほうがいいとセミナーで講師が話していたけど、あれ本当なの」

ポイント ・・

　嘘です。その理由は、書面による贈与の課税時期は契約成立のときですが、書面によらざる贈与（口頭による贈与契約）の課税時期は履行のときだからです。

　父が娘に1,000万円を10回に分けて、毎年100万円ずつ贈与するという申出を行い、娘が承諾したので贈与契約書をつくったとすると、契約書を作成した時に、娘は1,000万円を10年間でもらえる権利を取得します。この場合は、この権利（「定期金」といいます）を時価評価して（いますぐに1,000万円もらえるわけではないので、評価額は1,000万円そのままではありません）、受取りが先延ばしになった（分割払いになった）分の利息を引きます。予定利率を0.1％とすると評価額は994万5,000円です。

　10年間分割払いで1,000万円を受け取る権利の贈与ということで、評価額

第5章　死亡保険、保険に関する権利を理解する　73

994万5,000円に対し贈与税を支払います（娘が契約時点で20歳以上なら175万4,000円、20歳未満なら228万8,000円）。

　このような課税を行うためには、税務署の調査官は基本となる1,000万円の贈与契約書を把握しなければなりません。通常、親子でこのような契約書をつくることは皆無といってよいでしょう。

　では、契約書はつくらないが、毎年100万円を10年間継続して贈与するという口約束をしていた場合はどうでしょうか。この場合は、父親が税務署の調査官にそういう口頭の贈与契約があるのだと説明しても税務署長は1,000万円の定期金の贈与を認定することはできません。口頭による贈与契約はいつでも撤回できるので1,000万円まとめて課税することはできないのです。100万円を父が娘に渡した時に贈与があったものとして課税することしかできないのです。これを明らかにするために国税庁は相続税基本通達で書面によらざる贈与による財産の取得時期は、実際に現金を交付した時としています。

相続税法基本通達

　1の3・1の4共−8　相続若しくは遺贈又は贈与による財産取得の時期は、次に掲げる場合の区分に応じ、それぞれ次によるものとする。（昭38直審（資）4、昭57直資2−177、平15課資2−1、平17課資2−4改正）

⑴　相続又は遺贈の場合　相続の開始の時（失踪の宣告を相続開始原因とする相続については、民法第31条（（失踪の宣告の効力））に規定する期間満了の時又は危難の去りたる時）

⑵　贈与の場合　書面によるものについてはその契約の効力の発生した時、書面によらないものについてはその履行の時

4　生存給付金付定期保険の仕組み　★★★

ケース

お客様　「生存給付金付定期保険って、毎年指定した額を指定した
人にあげることができるのよね。毎年同じ額を同じ人にあげる契
約があると、まとまった額の贈与として課税されるからやめてお
いたほうがいいと友達がいうのよ。そんなに危ないの」

ポイント・・・

　生存給付金付定期保険は、保険契約ですから契約書を作成します。契約書
があって、かつ、毎年定額が指定された人に支給されるので「定期金」とし
て課税される可能性があるようにみえますが、大丈夫です。というのは、生
存給付金付定期保険契約は、毎年一定の日に被保険者が生きていることが給
付の条件となりますが、被保険者が必ず毎年生存しているとは限りませんか
ら、契約書があっても定期金としてまとまった額の贈与課税がなされること
はないのです。今年給付を受けた時点では来年も給付が受けられるか（被保
険者が来年の指定された日に生存しているか）どうかは不確実だからです。

解　説・・・

　生命保険契約の一種に、被保険者が「1年の一定の日時に生きているこ
と」を条件にあらかじめ指定された受給者に給付金が支給される保険契約が
あります。

　これは、一見、指定された支給期間（たとえば10年間）に毎年分割で給付
金が支給される保険契約のようにみえるので、いわゆる「定期金」として最
初の支給日に、将来支給される支給金額の総額（評価は現在価値）を贈与し
たものとして課税される契約のようにみえます。

第5章　死亡保険、保険に関する権利を理解する　75

しかし、この手の生存給付金が支払われる契約上の事由は、支払期間中、毎年、保険年度の満了時に被保険者が生きていることです。被保険者が亡くなっていれば、給付金請求権は発生しません。生存給付金支払請求権は、毎年の保険年度の満了時に被保険者が生存しているつど発生します。毎年、一定の日時に請求権が発生しますから、単年の贈与です。

　要は、生存給付金支払期間中の毎年の保険年度の満了時における被保険者の生存という支払事由（保険事故）の発生のつど、生存給付金の受取人が生存給付金を保険料負担者（保険契約者）から贈与により取得したものとみなされ、その年に受ける給付金が贈与税の課税対象になるというわけです。

5 中小企業の社長が亡くなったときは、死亡退職金の非課税限度額を上手に使う

ケース
お客様　「会長が先週亡くなったのです。相続税対策はまったくしていなかったのですが、いまからでも工夫できることはありますか」

ポイント

　中小企業のオーナーが亡くなった場合の節税策に「相続財産である株式の評価を下げながら、会社の現金を遺族に渡す方法として死亡退職金を支払う」という方法があります。死亡退職金を会社が支払うと同族株式の純資産評価において負債として計算することができます（被相続人の死亡により相続人その他の者に支給することが確定した死亡退職金や弔慰金は株式の評価上、負債として控除できます）。一方、相続開始後3年以内に支給が決定された死亡退職金は相続財産とみなされて相続税の課税対象となります。その場合、法定相続人（相続を放棄した者または相続権を失った者を除く）に支給される死

亡退職金は500万円×法定相続人数まで非課税です。

解説

　取引先（同族法人）の代表者や役員が亡くなると、退職金をどの程度支給すべきか相談されることがあります。検討のポイントは次のとおりです。
① 　役員退職給与規定の有無
② 　法人税の過大退職金否認規定との調整
③ 　支払原資となる受取保険金の有無
④ 　相続税の非課税限度額との調整
⑤ 　退職金の支給額と同族会社の株式評価額

6　死亡退職金を支給する時に気をつけるべきこと――法人税上の過大退職金

ケース

お客様　「うちの会社はいまはパッとしないけど、過去の蓄積があって利益剰余金がたくさんあります。先月亡くなった会長を被保険者にした会社受取りの死亡保険金も1億円入ったし、遺族のためにも死亡退職金をたくさん支給したいのですが、どのような点に気をつけたらよいでしょうか」

ポイント

　相続税の納税額を事後的に動かすことができる数少ない方法として、同族会社の役員の死亡に伴う退職金の支給があります。退職給与規定があればそれに沿って支給することになりますが、いわゆる功績倍率をどのように考えるかによって支給した退職金が法人税法上過大退職金として損金算入できなくなる事態も想定しておかなければなりません。

第5章　死亡保険、保険に関する権利を理解する　77

解　説 ・・・

　過大退職金と認定されると、適正額を超えた額について法人税法上は損金
算入できません。功績倍率は判例上おおむね３倍とされているので法人税の
実務では３倍を超える額の支給はしないことが多いのですが、適正額を超え
た金額でも支給することがあります。

　非上場会社のオーナーは何もかも会社につぎ込む場合が多く、自宅も会社
の持ち物、個人資産は自社株と納税資金には不足する現預金という場合も少
なくありません。

　このようなケースでは、相続税の納税資金として相続人に相応の現金を支
給する必要があります。適正額を超える部分は法人税上損金にならないの
で、含み損のある資産の譲渡や繰越欠損金の利用など過大退職金部分の課税
を事実上回避できるかどうか、回避できない場合の負担はどの程度になるか
を検討します。

コラム

過大役員退職金とは

　法人税法は、役員退職給与のうち、退職した役員に対して支給した退職給与の額
が、法人の業務に従事した期間、退職の事情、その法人と同種の事業を営む法人で事
業規模が類似するものの役員に対する退職給与の支給の状況等と比べ、役員に対する
退職給与として相当であると認められる金額を超える場合における超える部分の金額
を不相当に高額な部分と規定し超過額を損金算入できないとしています。

　役員退職給与は、法人の利益調整のために使われることがあるので、法人税法は、
一般に相当と認められる金額までを必要経費とし、それを超える部分（過大部分）の
金額については損金算入を認めないことによって、実態に即した課税を行おうとして
います。

退職金は一般的に次の算式で計算します。

退職する役員の最終報酬月額×勤続年数×平均功績倍率

（実務では代表取締役の場合、約3倍が限度）

平均功績倍率とは、役員退職給与の支給時期に近い複数の類似法人における役員退職給与額（実例）を類似法人役員の〈最終月額報酬×勤続年数〉で割った係数（倍率）の単純平均値です。

第6章

自宅や事業用地の課税価格の特例（スキル5）

被相続人の自宅敷地の課税価格の特例
（特定居住用宅地等課税価格の特例）

【学習のポイント】

　自宅の小規模宅地等の特例は、相続税を支払うために、（主に被相続人と同居していた遺族が）住んでいた家を売らなければならなくなったらかわいそうだという理由から、配偶者や親族のうち**特定の人が相続し一定の条件を満たす**と、亡くなった人の自宅の敷地の課税価格を80％減額できるとても有利な特例です。

　この特例を「特定居住用宅地等課税価格の特例」といいます。この特例はお客様を相続税の節税の観点から「**遺言を書こうかな**」という気にさせる大きな動機づけになる特例です。

　それゆえ、**金融機関の営業の観点からも、十分に理解しておく必要がある特例**です。

(1) 概　　要

　原則として、亡くなった人の配偶者または同居の親族（この場合は法定相続人に限りません）が取得した、被相続人の自宅の敷地の課税価格を最高330㎡まで80％減額できる特例です。

　同居の親族が取得した場合は、申告期限まで家を売らないことだけでなく、申告期限まで住み続けることが条件です。うっかり転居してしまうと使えなくなります。

　配偶者や同居の法定相続人（この場合は法定相続人に限定）がいなければ、借家に住んでいる親族が相続または遺贈で取得するとやはり80％減額できま

図表6-1 適 用 例

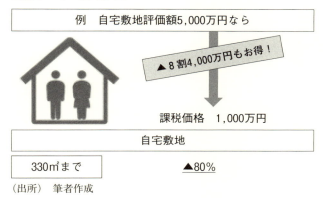

（出所） 筆者作成

す（この場合は、わざわざ亡くなった人の自宅に引っ越すことは不要ですが、相続税の申告期限まで所有を継続していなければなりません）。

　亡くなった人が住んでいた自宅の敷地の相続税評価額が5,000万円ならば、課税価格を80％（4,000万円）減額できるので、税金の対象となる価格（課税価格）は1,000万円として相続税の計算ができるのです（上の図表6-1参照）。

　適用要件は大きく分けて二つあります。
① 被相続人が相続開始直前に居住していた家屋の敷地であること
② 特定の親族が相続または遺贈により取得すること

　特定の親族とは、(i)被相続人の配偶者、(ii)被相続人と同居していた親族、(iii)被相続人と同居していない親族です。まとめると次のとおりです。

1　被相続人の自宅の敷地であること	例外：老人ホーム特例
○相続開始直前まで被相続人が居住していた家の敷地であること	① 老人ホームで亡くなったこと
	② 要介護状態で亡くなったこと
	③ 空家になった自宅をだれも使っていないこと

（注）　老人ホーム特例とは、被相続人が老人ホームに転居後に亡くなった場合です。

第6章　自宅や事業用地の課税価格の特例　83

2 特定の親族が相続または遺贈で取得すること		適用要件
第1順位	配偶者	なし
	同居の親族	法定申告期限まで居住と所有を継続していること
第2順位	借家住まいの親族	法定申告期限まで所有していること
		配偶者や同居していた法定相続人がいないこと
		相続開始前3年間、同族法人や3親等内の親族が所有する家に住んでいた親族はだめ

　被相続人の居住用家屋敷地のほかに生計を一にしていた親族の居住家屋の敷地も対象になります。まとめると次のとおりです。

利用状況と相続人		取得者と居住・所有継続要件
被相続人の居住用	配偶者や同居の親族がいる場合	配偶者が取得
		同居の親族（子どもなど法定相続人以外の親族は遺言で）が取得し、法定申告期限まで居住および所有を継続
	配偶者も同居の法定相続人もいない場合	相続開始前3年間、自己または自己の配偶者の所有家屋または3親等内の親族や特別の関係のある法人が所有する国内にある家屋に居住したことがないこと
		相続開始時において居住の用に供していた家屋を過去に所有していたことがある者も適用できない
生計を一にしていた親族の居住用		被相続人と生計を一にしていた親族が取得し、相続開始前から申告期限まで居住を継続（被相続人の居住要件はない）

（注）　下線部分は平成30年4月1日以降に相続が開始した申告から適用される。なお、令和2年3月31日までの間に相続または遺贈で取得する財産のうち「平成30年3月31日

に相続または遺贈により取得したと仮定したら改正前の家なき子の条件を満たす被相続人の生活の本拠であった家の敷地について」従前どおりの要件（自己または自己の配偶者の所有する家屋に住んでいないこと）を適用できる経過措置がある。

■ 問い

生計を一にするとはどのような状態をいうのでしょうか。

■ 答え

少しむずかしくいうと次のとおりです。「生計を一にするとは、同一の生活共同体に属して、日常生活の資を共通にしていること」。平たくいえば、一つの家族として集団意識をもって生活している人たちのことをいいます。集団で生活しているので家や家具などは共同で使用し、共通の食費や光熱費などの負担は家族の一人または複数の人が負担している状態をいいます。

具体的には、サザエさん家族を思い浮かべていただければいいでしょう。皆が住んでいる家はおそらく波平さんの所有でしょうし、毎日の食費は波平さんとマスオさんが負担しているのでしょうか。

カツオ君が大学に進学してアパート住まいを始めても、波平さんが授業料を支払ったり仕送りをしていれば、その時点ではカツオ君も生計同一の家族です。

(2) 適用の実際

① お客様に配偶者がいる場合

特定居住用宅地等課税価格の特例では、**配偶者はオールマイティです。**

戸籍上の配偶者であれば、亡くなった人と仲が悪く別居していても自宅の敷地を相続すると課税価格は330㎡まで80％減額できます。自宅の敷地が330㎡ならその全額が減額対象となり、330㎡を超える土地ならば330㎡部分まで80％減額対象となります。

自宅敷地の面積が330㎡以下で相続税評価額が5,000万円ならば、相続税の

図表6－2　節税効果の例
（単位：万円）

相続税評価額	80％減額	課税価格	節税額		
			相続税の税率		
			20％	30％	40％
5,000	4,000	1,000	800	1,200	1,600

（出所）　筆者作成

実効税率が20％のとき800万円の節税に、30％なら1,200万円、40％なら1,600万円の節税効果があります（図表6－2参照）。

　配偶者と同居している資産家については、配偶者が自宅の敷地を相続すると80％減額特例の適用は可能ですが、二次相続（配偶者の相続）について早めに対策を講ずることも必要です。配偶者の遺言の書き方に税法が影響するのです。

② **お客様に配偶者はいないが同居の親族がいる場合**

　同居の親族には、法定相続人である子どもなどのほかに、孫や甥姪など法定相続人ではない親族が含まれます。

　同居人が法定相続人以外の親族の場合、遺言を書かないで亡くなってしまうと同居の親族は自宅の敷地を取得できません。

　遺言がないと、せっかく同居してくれていた孫や甥姪に遺産をあげることができないだけでなく、この特例を適用する余地もないのです。

　このようなことから、この特例は、**法定相続人ではない親族と同居しているお客様にとって、遺言を書き始める動機になるのです。**

問い

　「親族」を説明してください。

答え

　覚えていますか。すでに一度学習したことなのですが、重要なことなので再度説明しておきます。親族とは6親等内の血族および3親等内の姻族をいいます。

　血族とは、あなたと血のつながっている親戚。意外と正確に説明できないのが姻族です。姻族とは、自己の配偶者の血族と自己の血族の配偶者をいいます（23ページの図表2－2参照）。

③　お客様に配偶者や同居の法定相続人がいない場合

　お客様に配偶者や同居の法定相続人がいると、ほかの相続人が自宅の敷地を相続してもこの特例は適用できません。配偶者や同居の法定相続人がいない場合には、いわゆる「家なき子」が相続または遺贈によりお客様の自宅の敷地を取得すると特例が適用できます。家なき子とは、「被相続人の親族で、相続開始からさかのぼって3年以内に本人や本人の配偶者（妻、夫）、3親等内の親族や同族会社が所有している家に住んでいない人」を指します。お客様が亡くなった時に、配偶者や同居の法定相続人がいない場合には家なき子が自宅敷地を取得すると、この特例を使うことができます。

　長男二男は持家に住んでいるが三男は社宅に住んでいるという場合、三男が自宅の敷地を相続すると三男が相続した部分については80％減額特例が使えるのです。**三男に自宅の敷地を相続させる遺言を書くと節税になるというのは、遺言を書き始める大きな動機になります。**

（3）　アドバイザリー業務のポイント　★★★

①　お客様が個人で自宅を所有していた場合

ケース

Ａさんは独居老人です。配偶者に先立たれ、広い家に一人住まいで

第6章　自宅や事業用地の課税価格の特例　87

す。Ａさん宅を往訪したときは、この特例を意識して子どもたちが持家に住んでいるかを尋ねましょう。

　Ａさんの子どもが全員持家に住んでいる場合はどうでしょうか。

ポイント ・・・

　子どもたちが全員持家に住んでいる場合、何もしなければ自宅の敷地の課税価格が減額されることはありません。

　自宅の敷地の評価額が5,000万円である場合、何も手を打たないうちに相続が開始すると、86ページの図表６－２のように800万～1,600万円を節税できる機会を逃すことになります（節税額が異なるのはほかの遺産の額の多寡により税率が異なるからです）。**特定居住用宅地等課税価格の特例の特色は、特例を使えるのが法定相続人（多くの場合、子ども）に限定されていないことです。**子どもたちが全員持家に住んでいるのなら、遺言で孫に渡すことを考えます。孫が学生寮や借家に住んでいるなら、この特例の適用対象となります。

　平成30年の税制改正までは、自宅の敷地は自宅をもたない孫（親の家に住んでいる中学生や高校生の孫）に遺贈すると孫が取得した敷地には減額特例が使えました。ところが、平成30年度の改正でこの方法に網がかかり、遺贈する孫の条件が狭まりました。孫が借家（マンションやアパートなど）に住んでいる場合は（亡くなった日からさかのぼって３年前から借家に住んでいることが条件です）、従来どおり適用対象となりますが、親（被相続人からみると子ども）の家に同居している孫は適用対象から外れました（３親等内の親族が所有する家に住んでいると対象外になったのです。96ページの参考資料参照）。

　対象となる孫の条件が狭まりましたが、対策をまったく打てなくなったわけではありません。相続税のアドバイザリー業務のよいところは、お客様と一緒に悩むことです。うまく条件があう孫を探す過程で中高一貫全寮制の学

校を紹介するなど、いろいろなことが考えられます。

> **解　説** ••

　一人でも借家や社宅、官舎などに住んでいる子どもがいれば、その子ども
に自宅敷地を相続させる遺言を作成すると相続税が軽減されます。

　たとえば、遺産の内容が図表6－3のとおり、遺産総額1億円（自宅建物
200万円、自宅敷地200㎡、相続税評価額8,000万円、預貯金1,800万円）、推定相
続人子ども三人（長女：自宅所有、二女：夫名義の家に居住、三女：社宅）の場
合、「三女に自宅を相続させ、相続開始後換金して諸経費および所得税等控
除後の金額を3等分して長女と二女に支払え」という遺言を作成すると、自
宅の相続税の課税価格は1,600万円（8,000万円×0.2）に減額され相続税はゼ
ロ円となります（相続税の申告は必要）。自宅をほかの相続人が取得した場合
は相続税は三人合計で630万円かかります。

　子どもがすべて自宅やその配偶者の所有する家屋に住んでいる場合は、大
学進学や就職などで親元から離れて借家住まいを始めて3年経過している孫

図表6－3　事例明細

(単位：万円)

項　目	①　相続税評価額	②　課税価格	差額（②－①）
自宅敷地	8,000	1,600	▲6,400
自宅建物	200	200	0
預貯金	1,800	1,800	0
合　計	10,000	3,600	▲6,400
基礎控除	4,800	4,800	0
課税遺産総額	5,200	0	▲5,200
相続税	630	0	▲630

（出所）　筆者作成

第6章　自宅や事業用地の課税価格の特例　89

（一人住まいを始めたばかりでも相続開始までに3年以上の時間があるであろう孫）などに遺贈すると80％減額特例を適用することができる可能性が生じます。この場合も先ほどの代償分割の方法を遺言で指示しておけば相続税をゼロ円とすることが可能です。

② お客さまの自宅を自分の会社が所有している場合

ケース 中小企業の社長や会長に会ったら「ご自宅はご自分名義ですか。社宅ですか」と尋ねましょう。

ポイント ・・

　中小企業オーナーの多くは、所有資産の大半を自社株と自社への貸付金など同族法人関連の資産が占め、オーナーが住んでいる自宅も会社所有となっているケースが少なくありません。

　自宅の敷地を会社からオーナーに移転するだけで相当の節税になります。

　相続税の限界税率が30％のオーナーが自宅敷地を会社から8,000万円で買い取ると、現金8,000万円所有している場合と比べ、1,920万円以上の節税になるのです（8,000万円×0.8×30％＝1,920万円）。

　現実には、時価8,000万円の土地の相続税評価額は20％ほど低いので、2,016万円ほど節税になります（右の図表6－4参照）。

　　　現金支払額　　　　　　　8,000万円

　　　土地の相続税評価額　　　6,400万円

　　　課税価格　　　　　　　　1,280万円《6,400×20％》

　　　差　額　　6,720万円《8,000－1,280》

　　　節税額　　2,016万円《6,720×30％》

→法人所有の土地に含み損があれば法人税も節税になる。

→法人所有の土地に含み益があれば、遊休不動産の処分などのコンサルティングに発展させることができる。

図表6－4　事例明細

（単位：万円）

| 項　　目 | 課税額 | | 差額 |
| | 小規模特例 | | |
	適用前	適用後	
現　　金	8,000	0	▲8,000
自宅敷地	0	1,600	1,600
自宅建物	500	500	0
会社株式	15,000	15,000	0
課税価格	23,500	17,100	▲6,400
基礎控除	4,200	4,200	0
課税遺産総額	19,300	12,900	▲6,400
相続税額	4,390	2,470	▲1,920
項　　目	課税額		差額
	小規模特例		
	適用前	適用後	
現　　金	8,000	0	▲8,000
自宅敷地	0	1,280	1,280
自宅建物	500	500	0
会社株式	15,000	15,000	0
課税価格	15,500	16,780	1,280
基礎控除	4,200	4,200	0
課税遺産総額	11,300	12,580	1,280
相続税額	4,390	2,374	▲2,016

（出所）　筆者作成

2 特定事業用宅地等の課税価格の特例と特定同族会社事業用宅地等の課税価格の特例

(1) 特定事業用宅地等の課税価格の特例

　商店街のお客様に対するアドバイスには、自宅の減額特例以外に、商売に使っている店舗や事務所、工場、倉庫などの敷地に対する課税価格の特例が有効です。

　個人で商売しているお客様（不動産賃貸業は除きます）、たとえば花屋を営んでいるお客様の場合、花屋の店舗や事務所など商売に使っている建物の敷地について最高400㎡まで相続税の評価額の80％を減額した金額を課税価格とすることができます。亡くなった父はすでに引退していて、父と同居していた二男が花屋を営んでいるとき（被相続人と生計同一の親族の事業用）も、店舗や事務所の敷地について80％減額特例が使えます。

相続時の利用状況	適用条件	適用対象部分
被相続人の事業用	その宅地・借地権の取得者が宅地等の上で営まれていた被相続人の事業を相続税の申告期限までに承継し、かつ、申告期限まで事業を継続していること	数人共同で事業用宅地等を相続した場合、要件を満たす者が取得した部分だけが減額対象となる
被相続人の生計同一の親族の事業用	相続開始から相続税の申告期限までその宅地等を保有していること	

(2) 特定同族会社事業用宅地等の課税価格の特例

　花屋を個人ではなく会社で経営している場合も、相続税の申告書の提出期限までにその会社の役員になっている親族が取得すると、一族で議決権の50％超を有する同族会社が商売に使っている店舗や事務所、工場、倉庫など

の敷地に対する課税価格を80％減額することができます。この場合は、被相続人が所有している土地や建物を会社に**賃貸していることが条件**です。

相続時の土地建物利用状況	適用要件	適用対象部分
(ⅰ) 被相続人の所有する宅地等の上に、特定同族会社の所有する建物等があり、土地が賃貸されている場合	〈法人要件〉 ① 相続開始直前において被相続人および被相続人の親族等で発行済株式総数（議決権のない株式を除く）の50％超を所有 ② 申告期限まで事業を継続 〈取得者要件〉 ① 申告期限において特定同族法人の役員であること ② 申告期限までその宅地等を保有していること	要件を満たす者が取得した部分についてだけ特例適用対象となる
(ⅱ) 被相続人の所有する宅地等の上に、被相続人の所有する建物等があり、建物が特定同族法人に賃貸されている場合		
(ⅲ) 被相続人の所有する宅地等の上に、生計同一の親族が所有する建物があり、建物が賃貸されている場合（土地は使用貸借）		

(3) コンサルティング例

　商店街で中小企業の社長に会ったら、本社や支社の所在地を確認します。もし、地価の高い場所に本社があれば、本社の土地や土地建物を会長に譲渡して、会社が賃料を払って借り受けると、400㎡まで評価額の80％を減額して課税価格とすることができます。

　この特例を適用できるのは事業会社に限られます。不動産賃貸業を営んでいる法人に貸している土地には適用がありません（別途賃貸事業用特例の対象にはなります）。

　提案の例：会社の本社（土地・建物）を会長に譲渡します。同族会社からオーナーへの譲渡ですから、取引価額は「時価」です。仮に本社の土

第6章　自宅や事業用地の課税価格の特例　93

地の時価が1億円、相続税評価額8,000万円、建物の時価が3,000万円、固定資産税評価額1,300万円の場合、取引後は次のような課税価格になります。

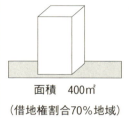

面積　400㎡
（借地権割合70％地域）

建物時価3,000万円→固定資産税評価額1,300万円
　　貸家評価減　　▲30％　　　▲390万円
　　　　　　　　建物　課税価格　　910万円
土地時価1億円→相続税評価額　　8,000万円
　　貸家建付地評価減　▲21％　▲1,680万円
　　　　　　　　　　　　　　　6,320万円
小規模宅地等課税価格特例減額80％　▲5,056万円
　　　　　　　　土地　課税価格　1,264万円

対策前：現金1億3,000万円
対策後：土地建物課税価格合計　2,174万円

　さらに、「特定居住用宅地等の特例」と「特定事業用宅地等・特定同族会社事業用宅地等の特例」は完全併用できます。自宅敷地が330㎡以上あり、店舗など商売に使っている土地が400㎡以上あれば、合計730㎡について80％の減額を受けることが可能なのです。
　上の例では、不動産購入資金を融資することも視野に入れてアドバイザリー業務を行うことができます。

3　その他の小規模宅地等の特例
　　（貸付事業用宅地等）

　相続開始時点で被相続人が賃貸していた宅地や借地権を次の表の要件に該当する親族が相続または遺贈により取得した場合、お小遣い程度の利益しか

あがらない（事業と称するに至らない）不動産の貸付でも、家屋や構築物の敷地であれば最高200㎡まで評価額を50％減額した価格を課税価格とすることができます。

相続時の土地建物利用状況	適用要件
被相続人の貸付事業用	その宅地等の取得者が、申告期限まで保有し、その宅地等の上で営まれていた被相続人の貸付事業を承継し、その事業を継続していること
被相続人と生計同一の親族の貸付事業用	その貸付事業を営んでいた親族が取得し、申告期限まで保有し、貸付事業を継続していること

　平成30年度の税制改正で、被相続人が亡くなる前3年以内に貸付を開始した場合は、小規模宅地等の特例の適用が受けられなくなりました（96ページの［参考資料］参照）。ただし、事業的規模（形式要件は建屋なら5棟、マンションやアパートなら10室以上の規模）で賃貸業を行っている場合は、いままでどおり特例が受けられます。3年経過していなくても、平成30年3月31日以前に貸付事業に供していた土地については、これまでの取扱いで200㎡まで50％減額特例が使えます。

　「貸付事業」とは、「不動産貸付業」「駐車場業」「自転車駐車場業」および事業と称するに至らない不動産の貸付その他これに類する行為で相当の対価を得て継続的に行う「準事業」をいいます。

　家賃収入が数千万円入る賃貸ビルの敷地でも、年間12万円ほどしか利益（収入から固定資産税など諸経費を控除した利益）のあがらない設備のある駐車場でも、この特例の対象となります。ただし、青空駐車場など単に土地を貸しているだけだと判断される場合は、この減額特例の対象にはなりません（×青空駐車場、○アスファルト敷の駐車場）。

第6章　自宅や事業用地の課税価格の特例　95

> ## コラム
>
> ### 実務の目のつけどころ（どんな場面で使うか）
>
> 　貸付事業用宅地等の特例は、自宅の減額特例や商売に使っている土地の減額特例と異なり、ほかの特例と完全併用ができません。自宅特例と商売土地特例なら最高330㎡＋400㎡＝730㎡について80％減額特例を使えるのに、賃貸特例というべきこの特例を200㎡使うとほかの特例はまったく使えなくなります。この特例と自宅特例を併用する場合、この特例を半分使う（100㎡について適用する）と自宅特例も半分（165㎡）使えるというふうに限度が設けられています。併用の限度面積は次の計算で行います。
>
> 　　A×200/330＋B×200/400＋C≦200
>
> 　　A：特定居住用宅地等　　B：特定事業用宅地等　　C：貸付事業用宅地等
>
> 　使いどころは、夫が亡くなり、自宅敷地は同居の長男が相続している。妻は自宅の敷地をもっていないが、近所に駐車場として賃貸している土地を相続しているようなケースです。
>
> →青空駐車場だったらアスファルトを敷くことを提案する（消費税に注意）。

［参考資料］　平成30年度税制改正

　小規模宅地等についての相続税の課税価格の計算の特例について、次の見直しを行うこととする。（租税特別措置法第69条の４関係）

① 　持ち家に居住していない者に係る特定居住用宅地等の要件について、特例の適用を受けようとする被相続人の親族が次に掲げる要件を満たすことを追加する。

　イ 　相続開始前３年以内に、相続税法の施行地内にあるその親族の３親等内の親族又はその親族と特別の関係のある一定の法人が所有する家屋に居住したことがないこと

ロ　相続開始時においてその親族が居住している家屋を過去に所有し
ていたことがないこと

② 貸付事業用宅地等の範囲から、相続開始前3年以内に新たに貸付事
業の用に供された宅地等（相続開始の日まで3年を超えて引き続き一定
の貸付事業を行っていた者の当該貸付事業の用に供されたものを除く。）を
除外する。

(注)　上記の改正は、平成30年4月1日以後に相続又は遺贈により取得す
る宅地等に係る相続税について適用する。ただし、令和2年3月31日
までに、平成30年3月31日において上記①の見直し前の特定居住用宅
地等の要件を満たしていた宅地等を相続等により取得する場合には、
当該宅地等は上記①の見直し後の要件を満たしているものとする等の
経過措置を講ずる。また、平成30年3月31日までに貸付事業の用に供
された宅地等については、上記②の改正は適用しないこととする。（附
則第118条関係）

第6章　自宅や事業用地の課税価格の特例　97

第7章

相続税の納税義務者を知る
（スキル6）

1 相続税の納税義務者

よくある間違い

「相続税の納税義務者は法定相続人です」 ✕

相続税の納税義務者はだれですかと質問すると、「法定相続人です」という答えをする人をよく見かけます。税理士でも相続税に不慣れな人はそういう答えをする人が珍しくありません。

相続税の納税義務者とは、相続税を納めなければならない人ですから、当然、財産を取得している人です。相続税の世界において、亡くなった人の財産を取得する人は相続人に限りません。逆に、相続人でも財産をまったく取得しない人もいます。

そうすると、**相続税の納税義務者は、原則として相続・遺贈・死因贈与で財産を取得した人**ということができます。このほか、平成15年に新設された相続時精算課税制度を使って、相続が開始するまでに被相続人から贈与を受けていた人（個人）は、相続開始時に遺産を取得しなくても相続税の納税義務者になる可能性があります。被相続人の死亡保険金を受け取った人も、その他の遺産を取得しない場合でも、相続税の納税義務者となる可能性があります。

また、近年は相続人が外国に住んでいる場合もそれほど珍しくありません。被相続人も相続人も日本に住んでいる場合、相続・遺贈などにより財産を取得すると、遺産が外国にあっても相続税の納税義務を負います（無制限納税義務者：全世界課税）。逆に、相続税法は、日本国内の財産を相続・遺贈・死因贈与によって取得した人は、日本国内に住んでいなくても、外国人

でも、日本政府に相続税を納付するようにしていました（制限納税義務者）。ただ、この原則を忠実に適用すると、被相続人や贈与者が国内に住んでいる場合でも、外国に住んでいる人が外国にある財産を相続や贈与で取得すると、外国にある財産には相続税や贈与税が課税されないということになり、課税の公平さが失われることがありました。そこで、このような場合でも課税もれが起きないように近年相続税法が何度か改正され、相続税や贈与税の納税義務者の規定は複雑になっています。

このほか、個人でなくても、代表者または管理人の定めのある法人格のない社団または財団が遺贈により財産を取得すると常に相続税法上は個人とみなされ、相続税の納税義務者になります。また、社団法人や財団法人といった持分の定めのない法人は、遺贈者の親族などの相続税の負担が不当に減少する結果になる場合に限定されますが、個人とみなされ、相続税の納税義務者になります。

2 相続税の国際課税 ★☆☆

(1) 改正の経緯

相続税や贈与税の納税義務者は、**日本国内にある財産を**相続や贈与により取得した場合だけ納税義務者になる**制限納税義務者**と、外国にある財産を相続や贈与により取得した場合にも納税義務者となる**無制限納税義務者**の二つに分けることができます（次ページの図表7－1参照）。

ここで重要なことは、納税義務者となる可能性のある人がどこに住んでいるかということだけでなく、相続・遺贈・贈与によって得た財産がどこにあるのか（国内にあるのか国外にあるのか）ということも判断要素となるということなのです。

平成12年改正前までは、上述のように無制限納税義務者とは相続・遺贈・

図表7-1　住所地による相続税および贈与税の納税義務規定の原則

被相続人 贈与者 ＼ 相続人 受贈者	国内に住所あり	国内に住所なし
国内に住所あり	国内・国外財産ともに 課税	国内財産だけに課税
国内に住所なし		

（出所）　筆者作成

　贈与により財産を取得したときに法施行地内に住所を有している者とされていたので、国外に居住する子どもが相続・遺贈・贈与により財産を取得する場合には、国内財産を取得する場合だけ相続税や贈与税の納税義務者になることとされていました。そうすると、主な財産を国外に移し、子どもなど受贈者も国外に居住させた後、この仕組みを利用すると多額の租税回避が可能でした。また、相続人が国外に居住していた場合には、国外に財産を移転しておくと国外に居住している相続人は日本国内にある財産を取得しなければ相続税の納税義務者になることがありませんでした。

　このような事態に対処するために平成12年に税制改正を行い、**無制限納税義務者の範囲を拡張**しました。その後、平成25年、29年、30年の改正を経て、現在は次ページの図表7-2のようになっています。

　　制限納税義務者とか無制限納税義務者ということを考えるのに重要なことは、相続税や贈与税の納税義務を負う相続または遺贈、贈与により財産を取得した個人がどの国に住んでいるかということだけでなく、取得した財産がどの国にあるかということも判断の重要な要素であるとい

うことです（182ページの付録資料「財産の所在地一覧表」参照）。

図表 7 － 2　平成30年 4 月 1 日以後の相続税および贈与税の納税義務

被相続人 贈与者 ＼ 相続人 受贈者	国内に住所あり	一時居住者（注1）	日本国籍あり 10年以内に住所あり	日本国籍あり 10年以内に住所なし	日本国籍なし
国内に住所あり	国内・国外財産ともに課税	国内財産だけに課税	国内・国外財産ともに課税	国内財産だけに課税	
一時居住被相続人（注1）					
一時居住贈与者（注1）					
国内に住所なし　10年以内に住所あり	国内・国外財産ともに課税	国内財産だけに課税	国内・国外財産ともに課税	国内財産だけに課税	
相続税　外国人 　贈与税　短期滞在外国人（注2） 　　　　　長期滞在外国人（注3） 　　　　　短期非居住贈与者（注4）					
国内に住所なし　10年以内に住所なし					

（注 1 ）　出入国管理法別表第 1 の在留資格で滞在している人で、相続・贈与前15年以内において国内に住所を有していた期間の合計が10年以下の人。

（注 2 ）　出国前15年以内において国内に住所を有していた期間の合計が10年以下の外国人。

（注 3 ）　出国前15年以内において国内に住所を有していた期間の合計が10年超の外国人で出国後 2 年を経過した人。

（注 4 ）　贈与前10年以内のいずれかの時において日本国内に住所を有していたことがある人のうち日本国内に住所を有しなくなった日前15年以内において日本国内に住所を有していた期間の合計が10年を超えるもので、同日から 2 年を経過していない外国人。

（出所）　税務大学校「税務大学校講本　相続税法　2019年度版」19頁より筆者作成

第 7 章　相続税の納税義務者を知る　103

（2） 相続税の納税義務者

① 無制限納税義務者

イ 居住無制限納税義務者

　相続または遺贈により財産を取得した次に掲げる者であって、その財産を取得した時において日本国内に住所を有するもの。

（ⅰ）　一時居住者でない個人

（ⅱ）　一時居住者である個人（その相続または遺贈に係る被相続人（遺贈をした人を含みます）が、一時居住被相続人または非居住被相続人である場合を除きます）

　ずいぶんむずかしい説明文で、一読しただけでは理解できない人がほとんどだと思います。なるべくわかりやすく解説すると次のとおりです（図表7－3参照）。

　まず、普通に日本に住んでいる日本人が相続または遺贈で財産を取得すると全世界課税です。全世界課税という意味は、相続税なら遺産が国外にあっ

図表7－3　日本人と日本に長期間住んでいる外国人の納税義務（居住無制限納税義務者）

国籍	住所	条件	被相続人遺贈者住所	国内財産	国外財産
日本人	日本	無条件	無条件	○	○
外国人	日本	相続贈与前15年間の居住期間10年超	無条件	○	○

（注）　被相続人や遺贈者の国籍や住所に影響されない。
（出所）　筆者作成

ても国内にあっても課税対象となる、国内財産だけでなく国外財産を取得した場合でも相続税の納税義務があるという意味です。日本に住んでいるという意味で「居住」、全世界課税されるという意味で「無制限」に納税義務を負う者、これをまとめて居住無制限納税義務者と呼びます。

　では、長年日本に住んでいる外国人はどうでしょうか。大学でフランス語の教授をしているフランス人を考えてみましょう。20代に来日して、日本で恋愛して、奥さんも子どもも日本国籍、日本に居住している期間が40年を超え、本国より日本で生活していた期間のほうが長いという人なら、やはり居住無制限納税義務者として取り扱っても問題はありませんし、そう取り扱うべきでしょう。このフランス人の親がフランスで亡くなり、フランスの銀行にある預金や、フランス国内の不動産を相続した場合にも日本政府に相続税を納税することになります（もし、フランスでも相続税を課税されるなら外国税額控除を適用することになるでしょう）。要するに長年日本に住んでいる人なら、国籍の有無を問わず全世界課税（居住無制限納税義務者）になるのです。

　ただ、同じようなフランス人の教授でも、来日して５年くらいの人の親がフランスで亡くなった場合、フランス国内を含め国外の財産についても日本政府に相続税を納めるというのは、酷かもしれません。では、どのくらい日本に住み着いていれば全世界課税として取り扱えばいいのでしょうか。ここのところはむずかしい判断ですが、現在の法令では、過去10年を超えて日本に住んでいると全世界課税をすることにしています。ただ、単純に10年というと、９年11カ月目に入ったら、２、３カ月ほど外国に戻り、また、日本に戻ってきて住み続ける外国人が出てこないとも限りません。そこで、過去15年間の累積在日日数が10年を超えた場合は全世界課税を行うということになっています（イ(ⅰ)の居住無制限納税義務者）。

　この点について定義しているのが上述の「一時居住者でない個人」という

第７章　相続税の納税義務者を知る　105

ところです。どれだけ日本に住んでいれば一時居住者でない個人といえるのかといえば、「**相続・贈与前15年以内において日本国内に住んでいた期間の合計が10年を超える在留資格のある外国人**」をいうわけです。

　相続人や受遺者が日本人ならば、生まれたばかりの子どもでも居住無制限納税義務者になりますし、海外赴任から帰国したばかりの人も居住期間にかかわらず住所が日本にあれば居住無制限納税義務者になりますが、外国人の場合は、居住期間が長い人が居住無制限納税義務者になるというわけです。

　逆に、一時居住者である個人とは、**相続・贈与前15年以内において日本国内に住んでいた期間の合計が10年以下の在留資格のある外国人**をいいます。

　では、相続や贈与で財産を取得した人が、一時居住者であれば、日本国内の財産を取得したときだけ納税義務を負うかといえば、そうはいきません。被相続人や贈与者が日本国内に住んでいる場合は、相続人や受贈者が外国に住んでいる場合でも全世界課税をすることになっているのですから、それとの整合性をとらなければなりません。必然的に、相続人や受贈者が一時居住者であっても被相続人や贈与者が日本国内に住んでいる場合は、全世界課税されるのです（イ(ii)の居住無制限納税義務者）。

　ただ、日本に住んでいる被相続人や贈与者がたまたまその年だけ居住者であった外国人ならば、一時居住者である相続人や受贈者が全世界課税をされるのは無理があります。例えば、トランプ大統領が引退後、なんらかの理由で日本に移ってきて1年後に亡くなった場合、一緒に来日して日本に住んでいた奥さんが相続するとどうでしょうか。米国に住んでいるトランプ元大統領の娘や息子が相続するとどうでしょうか。

　この場合、トランプ元大統領は一時居住被相続人（過去15年以内において日本国内に住んでいた期間の合計が10年以下の在留資格のある外国人）です。被相続人も一時居住者、相続人も一時居住者であれば、日本政府が海外財産についてまで相続税を課税することはありません（居住制限納税義務者）。米国

106

に住んでいる娘や息子は日本にある財産を取得すると日本政府に相続税を課税されます（非居住制限納税義務者）。

要は、相続税や贈与税の納税義務は居住地で判定するのですが、外国人については、居住期間が短ければなるべく全世界課税は避けようというのが、一時居住者や一時居住被相続人の概念です。

そうすると先ほどのフランス人の教授のような外国人はそろそろ居住期間が10年を超えるぞというときには、フランスに住んでいる親の財産（フランスにある財産）の贈与を受けておいたほうが節税になるのではないかということを母国の専門家と相談しておく必要があるかもしれません。

課税する税務署からみると、居住無制限納税義務者とは管轄区域に住んでいる人で、相続・遺贈・贈与により財産を取得した人のことをいいます。要は、日本に住んでいて、相続や贈与で財産を取得した場合は、その財産が国内にあっても外国にあってもすべての財産に対し課税される人のことです（私たちが目にするほとんどの人はこの範疇に入ります）。このうち、外国人に

図表7-4 一時居住者の課税関係

一時居住者			被相続人・遺贈者			課税対象財産	
納税義務者：相続人・受遺者							
国籍	住所	条件	国籍	住所	条件	国内財産	海外財産
外国人	日本	相続贈与前15年間の居住期間通算10年以下	日本人	日本	無条件	○	○
			外国人		過去15年以内の日本の居住期間が通算10年を超える外国人	○	○
					過去15年間の居住通算期間10年以下	○	×
			日本人	海外	10年以内に国内に住所あり	○	○
					10年以内に国内に住所なし	○	×
			外国人		無条件	○	×

（出所） 筆者作成

第7章 相続税の納税義務者を知る 107

ついては、課税時期からさかのぼって日本に住んでいた期間の合計が15年の間に10年間を超えていれば無制限納税義務者になりますし、10年以下であれば、被相続人や贈与者の居住状態により無制限納税義務者または制限納税義務者になるということです。それをまとめたのが前ページの図表7－4です。

ロ　非居住無制限納税義務者

　相続または遺贈により財産を取得した次に掲げる者であって、その財産を取得した時において日本国内に住所を有しないもの。

　（ⅰ）　日本国籍を有する個人であって、次に掲げるもの

　　　1）　その相続または遺贈に係る相続の開始前10年以内のいずれかの時において日本国内に住所を有していたことがあるもの

　　　2）　その相続または遺贈に係る相続の開始前10年以内のいずれの時においても日本国内に住所を有していたことがないもの（その相続または遺贈に係る被相続人（遺贈をした人を含みます）が一時居住被相続人または非居住被相続人である場合を除きます）。

　（ⅱ）　日本国籍を有しない個人（その相続または遺贈に係る被相続人（遺贈をした人を含みます）が一時居住被相続人、非居住被相続人または非居住外国人である場合を除きます）。

　（注）　平成27年7月1日以降に「国外転出時課税の納税猶予の特例」の適用を受けていたときは、上記と取扱いが異なる場合があります。

　課税時期に、日本国内に住んでいない人、つまり外国に住んでいる人で、無制限納税義務（全世界課税）を負う人のことを、非居住無制限納税義務者といいます。課税時期に海外居住者なのですから、日本国内の財産を取得したときだけ課税すればいいとも思われますが、これを悪用して多額の贈与税や相続税逃れが横行したので、現在は相当厳しくなっています。

108

まず、相続や贈与で財産を取得した日本人の場合、課税時期からさかの
ぼって10年以内に日本に住んでいたことがある人は、全世界課税です（ロ(i)
1)の非居住無制限納税義務者）。さらに、10年を超えて海外に住んでいたから
日本の税務署から追いかけられないぞ、やれやれ、と考えていると大間違い
です。被相続人や贈与者が日本人で、課税時期に日本に住んでいれば、長年
海外に住んでいる日本人が相続や贈与で財産を取得すると無条件に全世界課
税を受けるのです（ロ(i)2)の非居住無制限納税義務者）。被相続人や贈与者が
日本に住んでいなくても、言い換えれば、外国住まいの日本人であっても課
税時期からさかのぼって10年以内に日本に住んでいたことがある人であれ
ば、相続人は外国人であっても外国人でなくても、全世界課税を受けます
（ロ(i)2)、(ii)の非居住無制限納税義務者）。

　では、外国に住んでいる外国人がやはり外国に住んでいる外国人（被相続
人）から相続や遺贈によって財産を取得した場合はどうでしょう。平成30年
4月1日以降の相続から日本国外にある財産については、被相続人（外国
人）が日本に住んでいた期間にかかわらず、相続税は課税されなくなりまし
た。

② **制限納税義務者**

　相続または遺贈により日本国内にある財産を取得した個人で、その財
産を取得した時において、①日本国内に住所を有するもの（居住無制限
納税義務者を除きます）、または②日本国内に住所を有しないもの（非居
住無制限納税義務者を除きます）。

制限納税義務者とは、無制限納税義務者以外の者です。

　具体的なイメージで考えてみましょう。被相続人や贈与者が外国人で相続
人や受贈者も外国人であれば、まったく日本の相続税や贈与税が課税されな

いかといえばそうではないのです。国内に住んでいる外国人同士で相続・遺贈・贈与があった場合は、双方が滞在期間の比較的短い外国人（課税時期前15年間の滞在年数の合計が10年以下の外国人）ならば国内財産を取得した場合だけ納税義務者になります（居住制限納税義務者、下の図表7－5参照）。

　逆に、外国に住んでいる外国人同士がやりとりしても、対象となる財産が

図表7－5　制限納税義務者の整理表

被相続人・贈与者＼相続人・受遺者・受贈者		国内に住所あり	国内に住所なし	
		国内に住所があるが課税時期前15年以内に日本に住所があった期間の合計が10年以下の外国人	課税時期前10年以内に日本に住所がない日本人	外国人
国内に住所あり	国内に住所があるが課税時期前15年以内に日本に住所があった期間の合計が10年以下の外国人	居住制限納税義務者	非居住制限納税義務者	
国内に住所なし	相続開始前10年以内に国内に住所なし（国籍を問わない）			
	（相続税）10年以内に日本に住んでいたことがあっても課税時期に海外に住んでいる外国人			
	（贈与税） ＊出国前15年以内において国内に住所を有していた期間の合計が10年以下の外国人 ＊出国前15年以内において国内に住所を有していた期間の合計が10年超の外国人で出国後2年を経過した者			

（出所）　筆者作成

110

日本国内にある財産だとすると日本政府に相続税や贈与税を納税しなければならないのです。具体的な例をあげると、ソフトバンクの本店所在地は東京都港区であり、株式や社債の所在地は、発行法人の本店所在地とされているので、外国に住んでいる外国人同士がソフトバンクの株式を贈与すると、理論的には日本政府に贈与税を納税しなくてはならない仕組みになっているのです（ソフトバンクの株式が外国の証券取引所で預託証券となっている場合は預託証券の発行法人の本店等が預託証券の所在地になるので、日本にある財産の贈与ではなくなります）。これを非居住制限納税義務者といいます。

　同様に、外国に住んでいる外国人が、外国に住んでいる外国人である被相続人から相続または遺贈により取得する日本国外にある財産については、被相続人が日本国内に住所を有していた期間にかかわらず、相続税は課されません。この場合も非居住制限納税義務者といいます。

　ただし、贈与については、少し特殊です。というのも贈与は相続と違って関係者が生きているため、恣意的に居住地を選択できるので脱法行為が比較的容易だからです。相続税法は、巧妙な対策を用意しています。事例としては、長年日本に住んで、帰国予定がない、ほとんど帰化したといってもよいほど日本に住み慣れた外国人（課税時期前15年以内に10年を超えて日本に住んでいる外国人）が相続税対策として本国に一時帰国した後に国外財産を国外に住んでいる外国人に贈与すると日本の納税義務が生じないとするなら、一時帰国をして多額の海外財産を贈与するケースが頻繁に生ずるおそれがあります。そこで、出国前15年以内に10年超日本に滞在した外国人が出国後2年以内に行う国外財産贈与（受贈者：国内に住所なし、日本国籍なし）について、当該外国人が出国後2年以内に再び国内に住所を戻した場合に、当該国外財産も贈与税の課税対象とする立法が平成30年に行われたのです。

　このような一時帰国をして贈与しようとする外国人を短期非居住贈与者と呼びます（日本に住んでいない期間が短いという意味で「短期非居住」といいま

第7章　相続税の納税義務者を知る　111

す)。

> ○短期非居住贈与者：出国前15年以内において国内に住所を有していた期間が合計10年超で、その期間中継続して日本国籍なしであった者のうち、出国から2年を経過していないもの。
> ・短期非居住贈与者が出国後2年以内に国内に住所を戻した場合に、全世界財産課税対象となります。
> ・短期非居住贈与者が国内に住所を戻さず出国後2年を経過した場合に、非居住贈与者に該当し国内財産課税対象となります。

平成30年の改正により贈与税の申告においては、「短期非居住贈与者」という概念を新たに設け、日本国外に居住する外国人が短期非居住贈与者から財産の贈与を受けた場合、短期非居住贈与者が日本国内に住所を有しなくなった日から2年を経過するまで贈与税の申告義務がないこととし（図表7-6参照）、2年経過後に、短期非居住贈与者が再入国した場合は再入国

図表7-6　短期非居住贈与者からの受贈者の申告義務

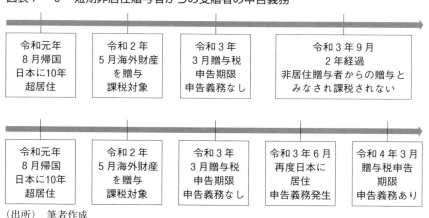

(出所)　筆者作成

した日の属する年の翌年3月15日までに贈与により取得したすべての財産に
つき贈与税の申告をすることにし（贈与を受けた年分の申告書を提出します）、
短期非居住贈与者が日本国内に住所を有しなくなった日から2年を経過した
場合（再入国しなかった場合）には、贈与により日本国内にある財産を取得
していたときは、2年を経過する日の属する年の翌年3月15日までに贈与税
の申告をしなければならないこととされました（贈与を受けた年分の贈与税の
申告書を提出します）。

3 特定納税義務者

　贈与により相続時精算課税の適用を受ける財産を取得した個人で無制限納
税義務者および制限納税義務者に当らない人を特定納税義務者といいます。

[参考]　**相続税の納税義務者別の課税財産の範囲について**

イ　無制限納税義務者（居住無制限納税義務者または非居住無制限納税義
　　務者）の場合

　　国内財産、国外財産及び相続時精算課税適用財産

ロ　制限納税義務者の場合

　　国内財産及び相続時精算課税適用財産

ハ　特定納税義務者の場合

　　相続時精算課税適用財産

(注)　上記の相続時精算課税適用財産とは、被相続人から贈与により取得し
　　た財産で相続税法第21条の9第3項の規定の適用を受けるものをいいま
　　す。

　相続時精算課税とは、原則として60歳以上の父母・祖父母が20歳以上の子
どもや孫に財産を贈与したときに選択できる贈与税の制度です。相続時精算

第7章　相続税の納税義務者を知る　113

課税選択届出書とともに贈与税の申告を行うと、贈与時点では贈与税は2,500万円の特別控除額を超えた金額の20％を納税することで足ります。贈与者である父母または祖父母が亡くなった時、相続財産の価額にこの制度を適用した贈与財産の価額（贈与時の時価）を加算し、納税ずみの贈与税額を控除して相続税額を計算します。相続税を控除しても、なお余りがある納付ずみの贈与税は還付されます。

◆**応用問題〈上級〉** ★☆☆

⑴　Aさんは遺言で現金１億円を自分が経営している株式会社甲社に遺贈しました。税金は課税されますか。遺贈を受けたのが一般社団法人や一般財団法人の場合はどうでしょうか。

⑵　Bさんは、現金５億円を奨学金の支給原資にしてほしいと公益法人に遺贈しました。税金は課税されますか。遺贈を受けたのが一般社団法人や一般財団法人の場合はどうでしょうか。

⑶　Cさんは、現金80万円を母校のテニスクラブOB会（代表者の定めのある法人格なき社団）に遺贈しました。税金は課税されますか。

解　答

[⑴の答え]

　Aさんが亡くなり遺言どおりAさんの遺産１億円が会社に遺贈されました。株式会社は営利法人です。１億円の遺贈（寄付）を受けたら、単純に１億円を利益に計上して法人税を支払います。

　仕訳は次のとおりです。

　（現金預金）　１億円　／　（受贈益）　１億円

図表7－7　法人税・住民税・事業税の合計概算税率

区　　分		平成30年	令和元年 9月以前	令和元年 10月以降
中小法人	年400万円以下の所得	21.42%	25.90%	25.99%
	年400万円超800万円以下の所得	23.20%	27.58%	27.58%
	年800万円超の所得	33.59%	33.59%	33.59%
中小法人以外の普通法人		29.74%	29.74%	29.74%

（注）　事業税は翌期に損金になるという前提で作成されています。
（出所）　筆者作成

　この受贈益に対し、法人税が課税されます。１億円の利益に対して株式会社が支払う税金は3,300万円ほどです。

　株式会社が支払う税金は、法人税（国税）と住民税（都道府県・市町村税）と事業税（都道府県税）があります。その合計概算税率は図表７－７のとおりです。

　ものすごくおおざっぱに説明すると、１億円の利益から3,300万円の税金を控除すると6,700万円が法人に残ります。

　なお、遺贈を受けた株式会社甲社の株価が遺贈により増加する場合は、甲社の株主は、増加部分の経済的利益をＡさんから遺贈されたものとして相続税が課税されるので注意してください（Ａさんが生きている時に甲社に１億円を寄付すると、Ａさんから甲社の株主に株価上昇分の経済的利益の贈与があったものとして贈与税が課税されることもあるので注意が必要です）。

　たとえば、息子が100％株式を保有している資本金1,000万円、預貯金1,000万円の会社があったとします。

（単位：万円）

現金預金	1,000	資本金	1,000

第7章　相続税の納税義務者を知る　115

この会社に父親が1億円を贈与すると、法人税を3,300万円支払った後の法人は7,700万円の現金を保有している会社になります。

（単位：万円）

現金預金	7,700	資本金 利益剰余金	1,000 6,700
合　計	7,700	合　計	7,700

　この会社の発行済株式数が1株だとすると、1株当りの純資産は1,000万から7,700万円に増加するのです。

　この結果、この会社の株式は息子が100％もっていますから、父親から息子へ間接的に6,700万円の経済的な利益の贈与があったことになるのです。

　実務上は、株式会社の株式の評価は、①納税義務者がその会社のオーナーグループなのか、②一般的な会社（開業3年未満など特殊な会社ではない）に該当するか、③業種に応じた規模は大中小のどのクラスか、④配当還元方式で評価すれば足りるかという流れで行い、採用される評価方式は必ずしも上述の評価方式（純資産評価方式）ではないので、1億円の寄付による株価の上昇がもう少し抑えられる可能性もあります。したがって、直ちに息子に対する6,700万円の贈与に当たるとはいえないのですが、おおよそのイメージは上述のとおりです。

　一般社団法人や一般財団法人でも非営利事業型の法人（毎期の利益の分配や解散時の残余財産の分配を行わない法人）でなければ、株式会社と同様に法人税の納税義務を負います。ただ、一般社団法人や一般財団法人は持分の定めのない法人（株式会社のように株主がいない法人）ですから、株主に対する間接的な経済的利益の遺贈は考えられません。例外的に、特定の一族に支配されているなど相続税や贈与税が不当に軽減されるおそれがある一般社団法人や一般財団法人は個人とみなされて相続税が課税されます。

[⑵の答え]

　Bさんが公益法人に遺贈した場合、原則として税金は発生しません。公益法人は118ページ［参考］の範囲に示された34種類の事業にしか課税されないのです。寄付を受けることは課税対象とされた事業に入っていないので、遺贈された寄付金には法人税は課税されません。遺贈を受けるのが非営利型の一般社団法人や一般財団法人（公益法人と同様に毎事業年度の利益の分配や法人を清算する時の残余財産の分配を行わない法人）であれば、同様に法人税は課税されません。

　ただ、公益法人や非営利型の一般社団法人や一般財団法人でも実態が特定の一族に支配されている状態だと相続税の課税逃れに利用されるおそれがあります。理事の3分の1以上が親族によって占められているような公益法人は個人とみなされて相続税が課税されます。

　次の要件の一つでも逸脱した一般社団法人や一般財団法人は、個人とみなされて相続税の納税義務者となります。

①　課税時の定款に次の定めがあること

　⒤　役員等の数に占める特定の親族の割合がいずれも3分の1以下とする旨の定め

　⒤⒤　法人が解散したときに、その残余財産が国等に帰属する旨の定め

②　贈与者等に対し、財産の運用および事業の運営に関する特別の利益を与えたことがなく、かつ、与える旨の定めがないこと

③　課税時前3年以内に国税または地方税について重加算税または重加算金を課されたことがないこと

[⑶の答え]

　わが国の民法は権利義務の主体となれる法人を限定しています。ただ、世の中には同窓会やOB会、自治会など特定の人が集まって組織をつくることがあります。そのような組織は、構成員の名簿があり、構成員の総会によっ

第7章　相続税の納税義務者を知る　117

て代表者が選定され、規模は小さくとも、法人のような機能をもっていることがあります。このような組織は民法では法人格が与えられていませんが、個人とは別の財産を有することもあります。このような組織を裁判所は法人格なき社団（権利能力なき社団）として、個人とは別の法人格があるかのように取り扱うことを認めています（民事訴訟上は原告や被告となることができます）。

　法人税法では法人格なき社団は、［参考］の34種類の収益事業を行うときに限定して法人税の納税義務者としています。相続税法上は、法人格なき社団は常に個人とみなされ、相続税の納税義務を負うこととされています。法人格なき社団は簡単につくれるので個人とみなされ、贈与税や相続税の納税義務を負うこととされているのです。

　［参考］

　収益事業とは、次の34種類の事業で、継続して事業場を設けて営まれるものをいう。

１．物品販売業、２．不動産販売業、３．金融貸付業、４．物品貸付業、５．不動産貸付業、６．製造業、７．通信業、８．運送業、９．倉庫業、10．請負業、11．印刷業、12．出版業、13．写真業、14．席貸業、15．旅館業、16．料理店業その他の飲食店業、17．周旋業、18．代理業、19．仲立業、20．問屋業、21．鉱業、22．土石採取業、23．浴場業、24．理容業、25．美容業、26．興行業、27．遊技所業、28．遊覧所業、29．医療保険業、30．技芸教授または学力の教授もしくは公開模擬学力試験を行う事業、31．駐車場業、32．信用保証業、33．無体財産権の提供等を行う事業、34．労働者派遣業

　上記に掲げる事業であっても、それが公益社団法人・公益財団法人が行う公益目的事業に該当するものである場合、公益法人等が行う事業の

うち身体障害者、生活扶助者、知的障害者、精神障害者、老人、寡婦などのためのもの等所定の要件を満たすものは、収益事業から除外される。

相続税の納税義務者 ★★★

① 代表者または管理者の定めのある法人格のない社団または財団

代表者もしくは管理者の定めのある法人格のない社団または財団に対して遺贈があった場合、または遺言によってこれらの社団または財団を設立するために財産の提供があった場合には、その社団または財団は個人とみなされ、相続税の納税義務を負います（相続税法66条1項・2項）。

② 持分の定めのない法人

持分の定めのない法人に対して遺贈があった場合、または遺言によって当該法人を設立するために財産の提供があった場合において、これら

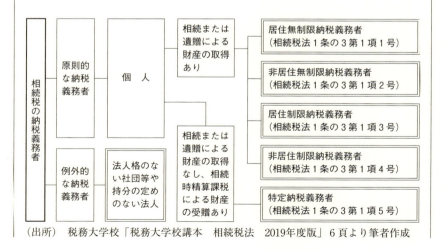

（出所）　税務大学校「税務大学校講本　相続税法　2019年度版」6頁より筆者作成

第7章　相続税の納税義務者を知る　119

の遺贈や提供により遺贈者・提供者の親族その他これらの者と特別の関係がある者の相続税または贈与税の負担が不当に減少する結果となると認められるときは、その法人は個人とみなされ、相続税の納税義務を負います（相続税法66条4項）。

4 相続財産の帰属

相続税の納税義務者をきちんと理解することはとても大切なことです。

相続税の納税義務者とは、原則として遺産を取得した人です。

遺産を取得する方法として、遺言があれば遺言により、遺言がない場合は民法の規定に従って、原則として、相続人が法定相続分で取得します（もちろん法定相続人が全員同意すれば民法が定める相続分とは異なる分け方ができます）。ところで、法定相続分で取得するといっても、法定相続分とはあくまでも分数にすぎないので、どの財産をどの相続人が取得するかは相続人全員で話合いをして決めなければなりません。民法の規定では、相続開始とともに、全財産が法定相続分で共同相続人の共有になります。しかしながら、法定相続分で共有状態にしておくことは実務的ではありません。遺産はいらないという相続人もありえます。被相続人の死亡でいったんは共有になった遺産について、だれがどの財産を取得するか相続人全員の話合いで決めることになります。

たとえば、母が亡くなり三人の息子が相続人になったとします。主な遺産は甲乙丙3棟のビルです。兄弟三人が話し合い、甲ビルは長男が、乙ビルは二男が、丙ビルは三男が取得するというように遺産分割協議が成立すると、第三者の利益を害さない限り相続開始にさかのぼって長男が甲を、二男が乙を、三男が丙を、最初から相続したことになります。

遺産分割協議が成立しないまま、長男と二男が交通事故で相次いで死亡し

てしまうと、三男は母の遺産について分割協議を行う相手がいなくなってしまったので、法定相続分による共有状態を変更する遺産分割協議を行うことができなくなります（遺産分割協議は契約なので一人ではできません）。母名義の甲ビル、乙ビル、丙ビルについて各々3分の1ずつ長男二男三男が相続登記を行うことになります。

　法定相続分によって遺産が共有になるということについて、「遺産分割までの仮の共有状態なんだ」と気軽に考えていると落とし穴にはまってしまうことがあります。法定相続分による共有状態は「遺産共有」といって、分割協議までの仮の姿で、本来の共有とは異なるという理解には、誤解が含まれています。法定相続分による共有状態は、遺産分割協議により変更される可能性のある共有状態なのですが、その本質は、通常の共有と異なりません。

　そこで、最高裁は、遺産分割協議が整うまでの果実（賃貸不動産なら家賃）は、各相続人に法定相続分で確定的に帰属し、遺産分割協議の対象にはならないとしているのです。

▌　問い

　平成17年に最高裁は、賃貸不動産の遺産分割協議が整うまでの間に生じた家賃は法定相続人に法定相続分で帰属すると判示しています。母が亡くなり、相続人は長女と二女の二人でした。遺産は甲ビル（時価1億円）と現預金1億円、預り保証金2,000万円です。どのように相続したらよいでしょうか。その際、家賃についても遺産分割協議書に取り込むことができるでしょうか。

① 　すべての財産を半分ずつ分けるのが平等だから、預金も2分の1ずつ分け、甲ビルも長女と二女の2分の1ずつの共有とする。預り保証金も長女と二女各々1,000万円ずつ負担させる。相続開始からの家賃も当然長女と二女が2分の1ずつ取得し不動産所得の申告を行う。

第7章　相続税の納税義務者を知る　121

② 不動産は長女か二女の単独所有とする。長女が不動産を相続した場合、ビルの時価1億円から預り保証金2,000万円を控除すると8,000万円取得したことになるので、預金は二女が9,000万円、長女が1,000万円相続する。遺産分割協議が整うまでの間に不動産から生じた家賃収入は、長女と二女が各2分の1ずつ取得し、不動産所得の申告を行う。

③ 遺産は上の②のとおり分割するが、相続開始時点からの家賃収入は不動産を相続した長女が全額取得する旨の遺産分割協議書を作成する。

答え

遺産分割協議にはいろいろな方法があります。基本的に当事者が納得すればよいのですが、気をつけなければならないことが一つあります。すぐに売る予定のない不動産を共有にしてはいけない（複数の相続人が共有で相続してはいけない）ということです。

不動産を共有にするのは極力避けるべきなのです。その理由は、二つあります。

① 片方がお金に困るなどなんらかの理由で売りたくても、もう片方が同意してくれなければ売れない。

② 将来、長女や二女が亡くなり、双方の子どもや孫が共有者として登場してくる場合を想定すると、権利関係や利害関係が複雑になる。これは避けるべきことです。

「長女と二女は仲がよいから大丈夫、どちらかに売る必要が生じたら、もう片方が簡単に同意するから」と答える税理士も少なくないのですが、片方が認知症になってしまったらどうでしょうか。売却に同意する意思表示ができなくなります。「判断能力がなくなれば成年後見制度を利用して法定後見をつければいい」という税理士もいますが、このようなことをいう税理士は成年後見の実態を理解していないのです。後見制度において、裁判所は被後見人のことを最優先に考え、他の家族のことを配慮してはくれません。認知

122

症になった人が生活資金に困らない程度の預貯金をもっているなら、裁判所は賃貸料が入る不動産の売却に容易には同意してくれないでしょう。

　次に、相続開始から遺産分割協議成立までに生じた家賃や地代収入はだれのものかという点です。裁判所の考え方は、相続開始から遺産分割協議が成立するまでの間に生じた家賃や地代は、遺産共有の状態になっていた間に生じた収益なので、法定相続分で各相続人に帰属するというものです。ただし、相続人全員の合意があれば、遺産分割協議で、別途、取得者を決めることはできます。

　設問の場合、①は不動産を売って代金を分ける場合以外は避けるべきです。アドバイスとしては、②か③の方法を勧めるべきです。

第7章　相続税の納税義務者を知る　123

第 8 章

遺言についてより深く学ぶ
（スキル 7 ）

1 遺言とは何か

遺言では、①相続人に対し、具体的にどの財産をどの相続人に渡すという遺産分割方法の指定や、②法定相続人に対し民法が定める相続分以外の相続分を指定することができます。①や②の宛名は法定相続人です。これ以外に財産に関することでは遺贈ができます。遺贈とは、遺言で財産をだれかに（相続人だけでなく他人や法人にも）無償で与えることです（図表8－1参照）。

2 相続させる旨の遺言について学ぶ

相続人に対して遺言を書くときは、どの相続人にどの財産を取得させるかを指定することが多いでしょう。このように「どの相続人にどの財産を相続させる」という遺言を民法では「遺産分割方法の指定」といいます。

実務では、語尾を「相続させる」と結んでいる遺言が多く見受けられます（公正証書遺言のほとんどはこの文面です）。このような遺言を「相続させる旨の遺言」といいます（令和元年7月1日施行の改正民法では「特定財産承継遺言」といいます）。相続させる旨の遺言の特徴は、相続が開始した時点で対象とされた物の所有権が自動的に指定された相続人に移るという点です。自宅を妻に相続させるという遺言があれば、夫が亡くなるとその家の所有権は自

図表8－1　遺言で行うことができる事項

遺言の相手	遺言の内容
相続人	遺産分割の指定
	相続分の指定
	遺贈
他人など	遺贈

（出所）　筆者作成

動的に妻に移転します。所有権が妻に移転するので、妻は単独でその遺言証書を登記原因証書として相続登記ができるのです。

ちなみに、相続させる旨の遺言があると「遺言と異なる遺産分割協議ができない」と解説する人もいますが、誤りです。理論的には疑問もあるのですが、相続開始と同時に自動的に妻に移転した家について、妻と長男が半分ずつ相続するという遺産分割協議を相続人全員の合意で行った場合、その遺産分割協議は有効です。

なお、従来、相続による所有権移転はその旨の登記がなくても第三者に対抗できるとされていましたが、令和元年7月1日施行の民法の改正により相続させる旨の遺言が立法化され、特定財産承継遺言という制度になりました。これにより、令和元年6月30日までに開始した相続では相続させる旨の遺言によって取得した不動産は対抗要件を備えるまでもなく第三者に対抗できたのですが、同年7月1日以降の相続では法定相続分を超える持分は相続登記しないと第三者に対抗できなくなりました。

> **改正民法899条の2第1項**　相続による権利の承継は、遺産の分割によるものかどうかにかかわらず、次条及び第901条の規定により算定した相続分を超える部分については、登記、登録その他の対抗要件を備えなければ、第三者に対抗することができない。

3 相続分の指定という遺言もある

相続人に対する遺言は相続させる旨の遺言が多いのですが、相続人に対する遺言で相続分を変更する内容の遺言を書くこともできます。相続人が妻と子ども一人の場合、何も指定しなければ法定相続分は各2分の1ですが、妻に4分の3を、子どもには4分の1を相続させるという「相続分の指定」を

第8章　遺言についてより深く学ぶ　127

行う遺言もあります。このような遺言は、相続分を変更しているのですが、どの財産をだれが相続するかを指示していないので、どの財産をだれが取得するかは相続人が話合いをして決めなければなりません。その意味で、紛争の防止という遺言の効果はあまり高くありません。

4　遺贈について学ぶ

　これに対し、被相続人の親族でも（たとえば孫など）相続人にならない親族はたくさんいます。これらの親族に財産を渡そうとすると遺言を書く必要があります。相続人でない親族以外にも知人、友人、母校や病院、研究施設、神社などに財産を残そうとすると遺言を書く必要があります。遺言で財産を渡すことを遺贈といいます。渡す相手は個人（自然人）、法人を問いません。株式会社や学校法人、社会福祉法人などに遺贈することも可能です。

　どの財産をだれに渡そうかというときに、相手が相続人ならば「相続させる」と書きます。相手が相続人でなければ、「遺贈する」と記載します。よく遺贈には特定遺贈と包括遺贈があり、特定遺贈とは特定の物を特定の人や法人などに渡すことで、包括遺贈とは遺産の全部とか2分の1など割合を示して遺贈する方法だと説明されますが、銀行の遺言信託実務では、割合を示して遺贈する方法を目にすることは少なくなっています。遺言信託で作成される遺言は、通常、相続人間の争いを未然に防止するという目的から、遺産分割協議の余地をいっさい排除した、いわゆる「特定遺贈の積み重ね」ともいうべき内容となっています。

　包括受遺者は相続人と同一の権利義務をもつので、積極財産だけでなく、借金などの消極財産があれば遺贈の割合によって承継します。では、特定遺贈の積み重ね的な記載（財産の行く末が決まっていて、いっさい、遺産分割協議の余地のない記載）により、すべての財産を特定の人に遺贈する遺言は、特定遺贈でしょうか、包括遺贈でしょうか。特定遺贈の積み重ね的記載によ

128

り、財産の一定割合を遺贈する遺言は包括遺贈であると解さないと被相続人の債権者を害することになりかねません。なお、特定遺贈ならば受遺者が放棄することができますが、包括遺贈の放棄は自己のために遺贈があったことを知った時から3カ月以内に家庭裁判所で放棄の陳述を行うことが必要です。

5　遺言書のモデル

遺言書のモデルをみてみましょう。

遺 言 書

　遺言者●●●●は、この遺言書によって、配偶者●●▲▲（1941年7月8日生）、長男●●●▲（1965年5月5日生）、長女●●■■（1967年12月24日生）、二女●●▲■（1970年3月19日生）に対し、次のとおり遺言する。

第1条　遺言者は、遺言者所有の財産目録記載の金融資産（金融機関にて契約中の預貯金・信託等の金銭債権、株式・債券等の有価証券を含む。）並びに現金を第2条に定める者に同条に定める金額で相続させる。

第2条　●●●▲を祭祀承継者とし、同人には、上記金融資産及び現金等（以下、「金融資産等」という。）の解約換金額から500万円を相続させる。
　(2)　●●▲▲には金融資産等から500万円を控除した残額（以下、「各人配分額」という。）の2分の1を相続させる。
　(3)　●●●▲には、第1項の500万円に加えて各人配分額の6分の1を相続させる。
　(4)　●●■■には、各人配分額の6分の1を相続させる。
　(5)　●●▲■には、各人配分額の6分の1を相続させる。

第3条　遺言者は、その所有する財産目録記載の不動産を●●▲▲に相続させる。

第4条　遺言者は、前条までに記載の財産以外の財産（不動産を含む）を●●

第8章　遺言についてより深く学ぶ　129

▲▲に相続させる。

第5条　前条までにおける●●▲■（独身）以外の相続人について、遺言者の相続開始時以前に死亡等により相続の効力が生じないとき、または相続を放棄した者があるときは、遺言者は前条までに基づきその者に相続させるべき当該財産をその者の法定相続人である直系卑属に法定相続分に応じて相続させる。

第6条　●●▲■（独身）が遺言者の相続開始時以前に死亡等により相続の効力が生じないとき、または相続を放棄したときは、遺言者は前条までに基づき●●▲■に相続させるべき当該財産を●●●▲と●●■■に各2分の1相続させる。

第7条　遺言者は、下記債務・費用等を●●▲▲に負担させる。
（1）　遺言者の葬儀に関して支出する一切の諸費用
（2）　遺言者が生前に負担していた一切の債務
（3）　遺言者の負担すべき一切の公租公課

以上

令和　　年　　月　　日

住　所
遺言者　　署名　　　　　　　　㊞

　資産家は、財産の種類や数が多いため、財産目録を自筆で作成するのは大変です。平成31（2019）年1月13日から自筆証書遺言に添付する財産目録については、自書しなくてもよいものとされました。ただし、財産目録の各ページに署名押印することが必要です。その他、法務省のウェブサイトに、次のような変更点の詳細について解説されています（以下、下線・太字筆者、文言も一部変更）。

　「書式は自由で、遺言者本人がパソコン等で作成してもよいですし、遺言者以外の人が作成することもできます。また、例えば、土地について登記事項証明書を財産目録として添付することや、預貯金について通帳の写しを添

付することもできます。いずれの場合であっても、**財産目録の各頁に署名押印する必要があります**」。

　「遺言者は、自書によらない財産目録を添付する場合には、その「毎葉（自書によらない記載がその両面にある場合にあっては、その両面）」に署名押印をしなければならないものと定めています。つまり、自書によらない記載が用紙の片面のみにある場合には、その面又は裏面の1か所に署名押印をすればよいのですが、自書によらない記載が両面にある場合には、両面にそれぞれ署名押印をしなければなりません。押印について特別な定めはありませんので、本文で用いる印鑑とは異なる印鑑を用いても構いません」。

　「自筆証書に財産目録を添付する方法について、特別な定めはありません。したがって、本文と財産目録とをステープラー等でとじたり、契印したりすることは必要ではありませんが、遺言書の一体性を明らかにする観点からは望ましいものであると考えられます。なお、自書によらない財産目録は**本文が記載された自筆証書とは別の用紙で作成される必要があり、本文と同一の用紙に自書によらない記載をすることはできません**」。

財　産　目　録

1．**現金及び金融資産**（下記の金融機関にて契約中の預貯金・信託等の金銭債権、株式・債券等の有価証券を含む。）
 (1)　南都銀行●●支店
 (2)　大垣共立銀行●●支店
 (3)　三井住友銀行▲■支店
 (4)　三菱UFJ銀行●●支店
 (5)　三井住友信託銀行●●支店
 (6)　ゆうちょ銀行
 (7)　大和証券●●支店

　　　　　　　　　　　　　　　　　　　署名　㊞

第8章　遺言についてより深く学ぶ　131

(8)　丸三証券■■支店
(9)　上記(1)乃至(7)以外の遺言者と取引のある金融機関全て

２．不動産

(1)　●●ガーデンヒルズ
　ⅰ)　一棟の建物の表示
　　　イ)　所在　　●●区●●●丁目●番地
　　　ロ)　建物の名称　　●●ガーデンヒルズ●棟
　ⅱ)　専有部分の建物の表示
　　　イ)　家屋番号　広尾四丁目●番■■■
　　　ロ)　建物の名称　　●●ガーデンヒルズ●●棟
　　　ハ)　種類　居宅
　　　ニ)　構造　鉄筋コンクリート造陸屋１階建
　　　ホ)　床面積　　●●階部分　150.23平方メートル
　　　ヘ)　種類　倉庫
　　　ト)　構造　鉄筋コンクリート造１階建
　　　チ)　床面積　地下２階部分　3.08平方メートル

署名　㊞

　ⅲ)　土地の符号
　　　1)　土地の符号１
　　　　(ア)　所在地番　渋谷区広尾四丁目●番
　　　　(イ)　地目　宅地
　　　　(ウ)　地積　48,722.57平方メートル
　　　2)　土地の符号２
　　　　(ア)　所在地番　●●区●●●丁目▲番
　　　　(イ)　地目　宅地
　　　　(ウ)　地積　8,509.06平方メートル
　　　3)　土地の符号３
　　　　(ア)　所在地番　●●区●●●丁目■番
　　　　(イ)　地目　宅地
　　　　(ウ)　地積　215.24平方メートル
　　　4)　敷地権の表示
　　　　(ア)　土地の符号１・２・３
　　　　(イ)　敷地権の種類　所有権

㈦　敷地権の割合　100万分の11236
㈧　持分　10分の9

署名　㊞

（以上、所有者●●●●持分10分の7）
（共有者●●▲▲持分10分の3）
　(2)　ベルジューレ■■
　　ⅰ)　一棟の建物の表示
　　　　イ)　所在　　●●郡▲町大字▲字■■■　　●●番地●
　　　　ロ)　建物の名称　ベルジューレ■■■
　　ⅱ)　専有部分の建物の表示
　　　　イ)　家屋番号　大字▲　　●●番●の●の●●●
　　　　ロ)　建物の名称　■■●●
　　　　ハ)　種類　居宅
　　　　ニ)　構造　鉄筋コンクリート造　1階建
　　　　ホ)　床面積　1階部分　99.88平方メートル
　　ⅲ)　敷地権の表示
　　　　イ)　所在及び地番　●●郡▲町大字▲■　　1146番地●
　　　　ロ)　地目　宅地
　　　　ハ)　地積　1,700.05平方メートル
　　　　ニ)　敷地権の種類　所有権
　　　　ホ)　敷地権の割合　111万2345分の1万123

（以上、所有者）　●●●●

以上

署名　㊞

第8章　遺言についてより深く学ぶ　133

第9章

相続税の2割加算
（スキル8）

よくある間違い　★★★

> 相続税が２割加算されるのは法定相続人以外が相続・遺贈・死因贈与で財産を取得した時だ。　×

間違いです。被相続人から相続または遺贈により財産を取得した者が配偶者、１親等の血族以外の者である場合は、算出税額にその２割相当額を加算した金額が納税額となります。要は、配偶者、子ども、両親以外の者が相続すると税金は２割増しになるということです。

よくある勘違い　★★☆

> 被相続人には子どもがいなかったので配偶者と兄弟姉妹が相続人になった。兄弟姉妹には２割加算がない。　×

間違いです。相続税を２割加算する立法理由は二つあります。

甥姪やハトコなど、亡くなった人と血族関係の薄い親戚やまったく血族関係がない人が遺産をもらった場合は、たまたま運よく財産をもらえたのだからというのが２割加算をする理由の一つです。この血縁の薄いというなかになんと兄弟姉妹も入るのです。なんとなく兄弟姉妹は、一つ屋根の下で育った家族なのだから２割加算はないように思いがちなのですが、兄弟姉妹は遺留分もなく、相続税は２割加算されるというように、相続の世界では意外に冷たく扱われています。

２割加算をするもう一つの理由は世代飛ばしという節税策に対処するためです。被相続人が子を越えて孫に財産を遺贈すると相続税の課税を１回免れ

ることになるため、子に相続させる遺産の全部または一部を孫に遺贈する場合は、2割加算されます。

1 加算の対象者

次の(1)または(2)のいずれかに該当する者以外の者です（次ページの図表9－1参照）。

(1) 被相続人の1親等の血族

この場合の「1親等の血族」については、少し複雑な点があります。

① 被相続人の直系卑属が相続開始以前に死亡し、または相続権を失ったため、**代襲相続人となった当該被相続人の直系卑属を含む。**

　Aが被相続人（祖父）、Bが被相続人Aの子（父）、CはBの子（孫）である場合、Aより先にBが亡くなっていた場合、CはBを代襲してAの財産を相続します。この場合は、意図的な一代飛ばしが行われないので2割加算の対象外とされています。

② 被相続人の直系卑属（代襲相続人である者を除く）が被相続人の養子となっている場合のその**養子（民法上被相続人の1親等の法定血族に該当する）は含まれない**（2割加算されます）。

(2) 被相続人の配偶者

2 加 算 額

加算対象者の算出税額の100分の20に相当する金額です。

なお、相続開始の時において「1親等の血族」に該当しない者が、相続時精算課税適用者である場合は、被相続人の1親等の血族であった期間内に被相続人からの贈与により取得した相続時精算課税の適用を受ける財産に対応する相続税額については、加算の対象となりません。

第9章　相続税の2割加算　137

図表9－1　相続税の2割加算の対象者

配偶者・1親等の血族

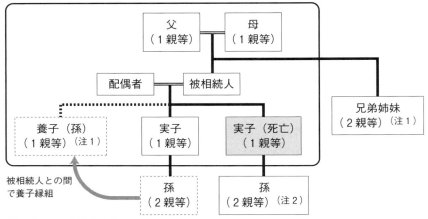

（注1）　20％相当額を加算。
（注2）　代襲相続人の場合は20％相当額を加算しない。
（出所）　税務大学校「税務大学校講本　相続税法　2019年度版」39頁より筆者作成

第10章

贈与税を実務的に理解する
（スキル9）

1 贈与とは

(1) 贈与の意義

［贈与とは］
　贈与とは、当事者の一方が自己の財産を無償で相手方に与えるという意思を表示し、相手方がこれを受諾することによって成立する契約である（民法549条）。

［贈与の方法］
　贈与は、書面によるものと書面によらないものとがある。書面による贈与は、これを撤回することができないのに対し、書面によらない贈与は、既に履行した部分を除き、いつでも撤回することができる（民法550条）。

(2) 贈与の特殊形態

① 定期贈与……定期給付を目的とする贈与（たとえば、毎月一定額を贈与する）
② 負担付贈与……贈与を受けた者に一定の給付をなすべき義務を負わせる贈与（たとえば、評価額4億円の土地を贈与するかわりに借入金2億円を負担させる場合など）
③ 死因贈与……贈与者の死亡により効力を生ずる贈与
　以上のうち、③の死因贈与は相続税の課税対象となります。また、死亡に

140

よって財産が贈与されるものに「遺贈」がありますが、これは、遺言によって財産が処分される場合に当たります。

(3) 贈与の時期

贈与税は、贈与により取得した財産に対して課税されます。贈与の時期がいつであるかということは、納税義務の成立の時期、その財産の評価の時期、申告期限などに関連して重要な問題となります。

贈与の時期は、

① 書面による贈与については、その贈与契約の効力が発生した時

② 書面によらない贈与については、その贈与の履行があった時

③ 停止条件付の贈与については、その条件が成就した時

④ 農地または採草放牧地の贈与については、上記①～③にかかわらず、農地法の規定による農業委員会または都道府県知事の許可のあった日または届出の効力の生じた日（ただし、その許可に停止条件が付されている場合など、許可のあった日または届出の効力が生じた日後に贈与があったと認められる場合を除く）

所有権などの移転の登記または登録の目的となる財産についても上記と同様に贈与の時期を判定しますが、その贈与の日が明確でないものについては、特に反証のない限りその登記または登録があった時に贈与があったものとして取り扱うこととされています。

2 贈与税の時効と名義預金

ケース

お客様 「贈与税って時効がないの？ うちの孫が生まれた時から私が孫の預金通帳をつくって、そのなかに毎年300万円ずつ振り込んでいるの。贈与税の申告はいっさいしていないのだけど。

だってまだ小学生だから申告なんてできないでしょう。いつから
時効になるのかしら」

ポイント ....

　「贈与税の申告を忘れていたけど、もう時効だから大丈夫じゃない？」という質問は本当によくある質問です。ただ、これに的確に答えられる税理士はとても少ないのが現実です。

　たいていの税理士が答えられるのは贈与税の時効の年数です。時効、厳密には税法では除斥期間（時効は督促など中断事由が発生すると最初から計算し直すのですが、一定の年数が経過すると行政機関が権力を行使できなくなる期間である除斥期間は中断がないのです）といいますが、原則として6年です。

　6年といってもどこから数えるかです。これは、何といっても、税法の除斥期間ですから起算日は法定申告期限の翌日からです。翌日から起算して6年です。贈与税は贈与を受けた年の翌年3月15日が申告期限なので、原則として除斥期間は3月16日から数えて6年目の応答日です。

　令和元年中に贈与を受けた場合、申告期限は本来令和2年3月15日ですが、15日が日曜日なので1日延びて16日が申告期限となります。除斥期間の計算は法定申告期限の翌日から起算しますから、17日から数えます。6年目の令和8年3月16日が除斥期間の完了日です。令和8年3月16日までしか税務署長は決定や更正処分ができません。

　ただし、偽りその他不正の行為により税金を免れようとした場合、簡単にいえば脱税犯として逮捕・起訴されるようなケースでは、除斥期間は7年に延びます。

　ここまでの説明は、単なる期間の説明なので、ある程度の税理士なら説明できます。ただし、贈与税の「時効」の話はこれで終わりません。

　贈与税の時効をお客様が質問するのは、何とか本人の財産を減らしたいか

らです。相続税が課税される財産をいつの間にか孫に移してしまいたいのです。「すでに、7年以上前に贈与してあるから「時効」ですよ。贈与税を払わなくてもいいですよ」といいたいのです。

　対して、税務調査官の頭のなかにあるのは、「贈与契約は有効に成立したのか」です。贈与契約が有効に成立していなければ、贈与の事実がないわけです。贈与の事実がなければ、何年も前に贈与したお金はいまだに本人のものです。除斥期間の問題になりません。

　贈与の事実があったかどうか。お客様（納税者）が贈与の事実があったことを立証するためには、あげる人ともらう人との間で「あげるよ」「わー嬉しい、いただきます」という合意があったことを明らかにする必要があります。

　ただ、このように「贈与契約があったかどうかがポイントです」というと、「贈与契約書があるかどうかですね」と反応する人がいるのですが、これは現実的ではありません。なぜなら、親子間や祖父母と孫の間で、「贈与契約書」なるものをわざわざつくらないからです。契約書などなくても普通に贈与が行われています。お年玉をもらったり、スマホを買ってもらったり、入学金を払ってもらったり、初めて車を買うのに祖父母や父母にお金を出してもらうのに、わざわざ贈与契約書をつくる親子や祖父母と孫はいませんよね。調査官は毎年相続税や贈与税の調査をしているので、そこのところは重々承知しています。ですから、「お二人の間で贈与契約書をつくっていますか」などというとんまな問いは優秀な調査官なら発しません。では、調査官は何を質問するのでしょうか。

・贈与したお金はどのように渡してあげたのですか

・もらったお金は何に使っているのですか

・出金口座や入金口座はどこの銀行のどこの支店ですか

などと尋ねてきます。その後、調査官は銀行など金融機関に赴いて、印鑑票

第10章　贈与税を実務的に理解する　143

を調査します。印鑑票とは、口座を開くときに口座開設申込書と一緒に届出印を押印した少し硬い紙です。口座をつくったのが20年前であろうが30年前であろうが、口座を解約しない限り印鑑票は銀行に保管されています。印鑑票をみれば、だれがいつ口座をつくったかがわかります。開設者の名前と筆跡を確認して、開設者以外の人が署名（代筆）していないかを調査します。

　実務上よくあるのが、「あげたつもりの預金」です。孫名義の通帳を祖母がつくって（印鑑票の筆跡が祖母になっています）、祖母が管理しているケースでは、その口座に祖母が振り込んだお金は孫に渡っていないと税務署の調査官は判断するのです。

　調査官にはいろいろな人がいて、必ずしも優秀で理論的とは限りません。なかには、乱暴にも、「6歳の孫は事実を認識できないでしょう。ですから、そもそも契約当事者になれませんよね。赤子や幼子に贈与はできないのです」などという調査官もいます。この指摘は間違いです。贈与の事実を理解できない赤子や幼子でも親権者である親が法定代理人として贈与契約をすることはできるのです。もちろん契約書をつくることはないでしょう。祖父が生まれたばかりの孫に贈与するときは、孫の親権者である子に対し、あの子にあげるよと現金を渡すことはよくあることです。赤子の親が赤子の代理人として受贈の意思を表示すると贈与契約は成立します。

　高校生の孫ならどうでしょうか。小学生でも高学年以上なら贈与の事実は十分認識できます。高校生なら祖父母と贈与契約を結ぶことは十分可能です。贈与契約などというと仰々しいのですが、おじいちゃんからお小遣いをもらったりスマホを買ってもらったりすることはよくあることです。未成年者が親権者（通常は両親）の同意なくして単独で行った契約は取り消すことができますが、単に権利を得る贈与契約はそのままで有効です（取り消すことができません）。

　受贈者が幼くて事実を認識する能力に不足している場合は、契約を結ぶ能

力はありませんが、その子の親が法定代理人としてその子のために贈与契約を結ぶことは可能です。孫名義の預金口座の印鑑票が両親の筆跡ならば、両親が子を代理して開設した口座と考えて、開設後の運用内容を調査することになります。

> （注）　贈与税の単独調査というのはあまり行われません。贈与税が特に問題とされるのは、税務署が相続税の調査を行ったときです。ただ、相当の富裕層ならば毎年提出している財産債務調書に関する調査が行われる可能性は否定できません。

問い

とある近郊都市の駅前にＡドクター（内科医：88歳）とＢドクター（内科医：88歳）が昭和45年頃から開業していました。本年ＡとＢは相次いで亡くなりました。Ａドクターは預金５億円をＡ名義で所有していたので、Ａドクターの相続人は５億円を遺産として申告しました。Ｂドクターは本人名義の預金は１億円でしたが、配偶者と子どもの名義の預金があわせて４億円ありました。Ｂドクターの相続人はＢドクターの預金は１億円であるとしてそれだけを申告しました。調査官であるあなたはどのような観点からＢドクターの相続税の調査を行いますか。

答え

計画的に贈与を行うのは、実は効果的な節税方法です。ところが、相続税の節税目的だけで親が子どもに大金を与えることはあまりありません。祖父が高校生の孫に現金を500万円渡すシーンを想像してみてください。100万円でもいいのですが、そんな大金を高校生に渡したらどこに遊びにいってしまうかわかりません。したがって、普通の家では若い子どもや孫に大金を贈与するということはないのです。そこで、あげたつもりの預金（名義預金：借名預金）というものが発生するのです。子どもや孫には知られたくないけれど、相続税を払うのは悔しいからあげたことにしたいというのがあげたつも

第10章　贈与税を実務的に理解する　145

りの預金です。

　調査官は年がら年中相続税の調査をしているわけですから、そういう事情や心情を熟知しています。そこでBドクターのような相続税の申告は、ほぼ100％調査の対象になるのです。皆さんだってBドクターの申告（1億円だけの申告）を放っておけませんよね。調査しないとAドクターが浮かばれません。

　市販の節税本では、名義預金について、①印鑑を変えましょう（親と子の通帳の印鑑が同一だとおかしい）、②預金の申込みは本人にさせましょう、③親の預金口座と子の預金口座との間のお金のやりとりはできるだけ控えましょう、などと細かいことが書いてありますが、税務署の調査官が最初にみるのはそんなことではありません。

　子どもや孫の過去の収入からみて、そんな大金を貯められるはずがないというのが調査に選定される基準です。Bドクターのケースがそれに当たります。調査官はまず森をみるのです。

3　よくある質問　暦年贈与を使った節税の基礎知識　☆☆☆

ケース

　私は不動産を10億円ほど所有している地主です。不動産のほかに、昔手放した土地の譲渡代金2億円が預金としてあります。家内は先立ち、息子が一人、娘が二人います。相続税対策を考えたいのですが、どのように考えたらよいでしょうか。贈与を行うなら、どのように行っていけばいいでしょうか。土地を贈与すべきか、現金を贈与すべきかについても迷っています。

```
ポイント
```
 ・・

次のような手順でアドバイスを行います。

(1) 資料収集

① 固定資産税課税通知書の写しをもらいます。

② 家賃・地代収入がある依頼人なら所得税の申告書の控えを過去5年分入
手します。

③ 不動産の分析シート（所在、地番、種類、面積、用途、収入、固定資産税
評価額、相続税評価額、利回りを記入）を作成します。

④ 家族関係図を作成します。

(2) 分　析

① 自宅については小規模宅地特例の適用可能性を検討します。

② 貸家建付地については、貸家（建物）の贈与を検討します。

③ その際、不動産管理法人の設立を検討します。

④ 遺言の作成を検討します。

(3) 考え方

① 想定相続税額の計算

不動産分析シートを中心に土地建物の相続税評価額を算定し、想定相続税
額を計算します。

② 不動産に関するアドバイス

(i) 自宅の小規模宅地特例の適用可能性をチェックし、適用できない場合は
適用可能な親族に対する遺贈を検討します。

(ii) 収益不動産については、建物の相続税評価額と家賃・地代を比較して利

回りの良い建物から親族に贈与または資産管理法人へ売却を検討します。資産管理法人への建物の譲渡に関しては借地権課税（注）の検討が必要なので、提案には必ず税理士を使います。

（注）　あくまでも推定ですが、借地権課税を本当に理解している税理士は全体の2割いるかいないかというのが現状です。

(iii)　遊休不動産については、原則として売却換金、二次的に有効利用を検討します。

　→不動産賃貸業は基本的に儲からないということを強く認識してください。住宅メーカーが相続税の節税抜きで賃貸マンション・アパートの提案書を書けない理由をよく理解してアドバイスをすることが重要です。ここに地銀が相続ビジネスを積極的に展開する理由の一つがあります。従来のようにハウスメーカーが持ち込んだ顧客にアパートローンをつけるだけだと、顧客を守ることができません。先に顧客のアドバイスを行い、顧客とのリレーションをつくっておけば、「あ、この不動産の有効利用の提案は危ないな」という判断に従い、率直に顧客にアドバイスできるのです。

③　**現金贈与がいいか土地の贈与がいいか**

(i)　基本的に、現金から贈与します。ただし、依頼人の老後の生活資金を十分に留保することが必要です。当然のことながら余裕資金を贈与します。

　→暦年贈与信託、教育資金贈与信託を提案します。

(ii)　贈与した資金を無駄使いされないようにしたいというのが一般的な贈与者の願いです。無駄使いさせない一つの方法として受贈者に生命保険契約を提案します。

(iii)　収益不動産については、建物だけの贈与を検討し、土地の贈与は基本的に勧めません。なぜ、土地の贈与を勧めないのか。収益を生まない土地は固定資産税を負担するだけの負の財産だからです。贈与後に高い値段で売

ることができるなら、土地の贈与も一つの方法ですが、持ち続ける前提で
収益を生まない土地を贈与するのは相続人の負担を増やすだけです。

④ **将来の経済予想（インフレかデフレか）は、依頼者の予想に従う**

　相続税対策は、資産（主に土地）が将来値上りするのか、値下りするのか
という判断に大きく依存します。インフレを予測するなら借金をして土地を
買う方法が有効です。デフレを予測するのなら借金をして土地（将来値下り
する土地）を買うのは愚策です。早めに遊休不動産を中心に換金すべきなの
です。

第10章　贈与税を実務的に理解する　149

第11章

相続税対策としての贈与
（スキル10）

老人はお金を使いません。老人のお金を若者に渡し、消費が拡大すると、景気が上向くと考え、国は贈与を使った相続税対策を奨励しています。顧客に対し、贈与税の実効税率表と相続税の超過累進税率表（限界税率表）を使用して、暦年贈与を用いた相続税対策の合理性を説明します。ここはものすごく重要です。繰り返し読んで完全にマスターしてください。

1　お金持ちの税率（相続税額算定の秘密）を知る　★★★

　お金持ちであればあるほど、贈与による節税効果は高いのです。お金持ちほど贈与の効果が高いということを理解しているかどうかでアドバイザリー業務の質が変わってきます。単なる節税屋ではなく、合理的にお客様の財産を守る提案ができることが肝要です。

お客様　「お金持ちであればあるほど事前に贈与しておくと効果が高いと聞いたけど本当なの」

ポイント

　本当です。たとえば、3億円（基礎控除後）の資産家A（法定相続人：子ども二人）が1,000万円を20歳以上の子や孫に贈与するときに支払う贈与税は177万円です。贈与することにより減額する相続税は400万円です。1,000万円を子どもたちに贈与するだけで差引き233万円も相続税が減少するのです（図表11−1参照）。

　秘密は、相続税の計算システムにあります。

図表11−1　贈与による相続税の減額

（出所）　筆者作成

図表11−2　相続税の累進（限界）税率表

法定相続分に応ずる取得金額	税　率
1,000万円以下の金額の部分	10%
1,000万円を超え3,000万円以下の金額の部分	15%
3,000万円を超え5,000万円以下の金額の部分	20%
5,000万円を超え　1億円以下の金額の部分	30%
1億円を超え　　2億円以下の金額の部分	40%
2億円を超え　　3億円以下の金額の部分	45%
3億円を超え　　6億円以下の金額の部分	50%
6億円を超える金額の部分	55%

（出所）　税務大学校「税務大学校講本　相続税法　2019年度版」35頁

　相続税は、課税財産（遺産＋相続時精算課税適用財産−債務および葬式費用＋相続開始前3年以内の贈与）の総額を法定相続分で按分し、相続税率を掛けて税額を算出します。

　相続税の税率は、累進税率と呼ばれるもので、課税財産額が大きくなればなるほど税率が上がる仕組みです。具体的には図表11−2の累進税率表を

図表11－3　贈与税の実効税率表

[20歳以上の子・孫等への贈与]

贈与金額 （万円）	贈与税額 （万円）	実効税率
110	0	0.00%
200	9	4.50%
300	19	6.30%
400	33.5	8.40%
500	48.5	9.70%
600	68	11.30%
700	88	12.60%
800	117	14.60%
900	147	16.30%
1,000	177	17.70%
1,500	366	24.40%
2,000	585.5	29.30%
2,500	810.5	32.40%
3,000	1,035.50	34.50%
4,000	1,530	38.30%
5,000	2,049.50	41.00%

（出所）　筆者作成

使って計算します（この計算がめんどうなので、実務では速算表を使いますが、仕組みは一緒です）。贈与を行うと相続税の累進税率表の高い税率の部分が適用されないことになるのです。

　先の例で、資産家Aの法定相続分に従った相続人一人当りの取得財産額は1.5億円になり、1億円を超過した5,000万円の遺産には、40％の税率で相続

税が課税されるのです。

対策を打たなければ、1億円を超えたら5,000万円に対しては、相続財産1,000万円当り400万円かかるのに対し、1,000万円贈与すれば贈与税17.70％、177万円しかかかりません（左の図表11－3参照）。

1,000万円を贈与すると233万円相続税の節税になります。5年かけて5,000万円を贈与すると1,165万円節税になります。これを、子ども二人に対して行えば2,330万円節税になります。

解　説

① 総財産の額が3億4,200万円、推定相続人を二人と仮定すると、相続税の基礎控除額が4,200万円なので課税価格は3億円です。
② 課税価格3億円を法定相続分で割ると、一人当り1億5,000万円となります（図A参照）。

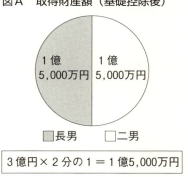

図A　取得財産額（基礎控除後）

③ 法定相続分で按分した1億5,000万円に対する相続税は次ページの図Bのように計算します。
・1億5,000万円の遺産のうち、最初の1,000万円については税率が10％なので税金は100万円です。

図B 相続税の総額の計算

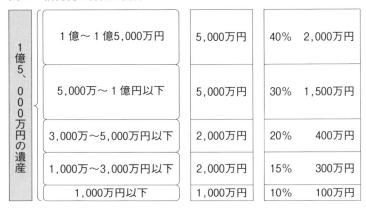

- 次に、1,000万円超から3,000万円の2,000万円については税率が15%なので税金は300万円です。
- その次の3,000万円超から5,000万円までの2,000万円については税率が20%なので税金は400万円です。
- その次の5,000万円超から1億円の5,000万円については税率が30%なので、税金は1,500万円です。
- さらにその上の1億円を超えて1億5,000万円までの5,000万円については税率が40%なので税金は2,000万円です。

④ **この資産家が1,000万円を贈与すると税率40%のところの1,000万円が減少するので、相続税は贈与した途端に400万円減少します**（図C参照）。

⑤ そのかわり贈与税の受贈者が20歳以上の子どもや孫ならば177万円、20歳未満なら231万円納税します。400万円との差額223万円または169万円を節税できるのです。

教育資金贈与なら、1,500万円贈与しても贈与税はゼロ円なので、税率

図C　贈与後の相続税の総額の計算

1億4、000万円の遺産	1億5、000万円の遺産				
		1億～1億5,000万円	1,000円万	40%	400万円
			4,000万円	40%	1,600万円
		5,000万～1億円以下	5,000万円	30%	1,500万円
		3,000万～5,000万円以下	2,000万円	20%	400万円
		1,000万～3,000万円以下	2,000万円	15%	300万円
		1,000万円以下	1,000万円	10%	100万円

相続税額　3,900万円

が40％の資産家なら1,500万円贈与した途端に相続税が600万円節税できるのです（次節参照）。

このとおり**高額資産家ほど贈与の効果が大きいのです。**

2　お金持ちが教育資金贈与をすると

　お金持ちが教育資金贈与を満額行うと、最も高い累進税率が課される部分が減少するので、相続税は効率的に減少します。20歳以上の子どもや孫一人当り1,500万円を贈与すると本来366万円の贈与税が必要なのに、贈与税は非課税になります。課税遺産6億円、子ども三人という資産家は1,500万円を相続で渡すと600万円必要なので、教育資金贈与を行うと一人当り600万円、三人の孫に1,500万円ずつ贈与すると1,800万円相続税が節約できるのです。

問い

　教育資金贈与を行う顧客は相続ビジネスの中心だという説があります。理

由を述べてください。

答え

　教育資金贈与を行った時点で贈与した金銭は相続税の対象外となります。

　保有資産が多ければ多いほど高い税率がかかる部分の資産が減少するので、節税効果は抜群です。そのような顧客は相続税について悩みが大きいのでアドバイザリーニーズも高いといえます。

[直系尊属から教育資金の一括贈与を受けた場合の贈与税の非課税制度概要]

　平成31年4月1日～令和3年3月31日の間に、受贈者（教育資金管理契約（注1）を締結する日において30歳未満、かつ、受贈時の合計所得金額が1,000万円以下である者に限る）が、教育資金（注2）に充てるため、金融機関等との一定の契約に基づき、受贈者の直系尊属から、①信託受益権を付与された場合、②書面による贈与により取得した金銭を銀行等に預入れをした場合、または、③書面による贈与により取得した金銭等で証券会社等において有価証券を購入した場合（以下、これら①～③の場合を「教育資金口座の開設等」といいます）には、これらの信託受益権または金銭等の価額のうち、1,500万円（学校等以外に支払う金銭については500万円）までの金額に相当する部分の価額については、金融機関等の営業所等を経由して教育資金非課税申告書を提出することにより、贈与税が非課税となります（図表11－4参照）。

　その後、受贈者が30歳に達するなどにより、教育資金口座に係る契約が終了した場合には、非課税拠出額（注3）から教育資金支出額（注4）を控除した残額があるときは、その残額がその契約が終了した日の属する年に贈与があったこととされます。

図表11-4　直系尊属から教育資金の一括贈与を受けた場合の贈与税の非課税制度

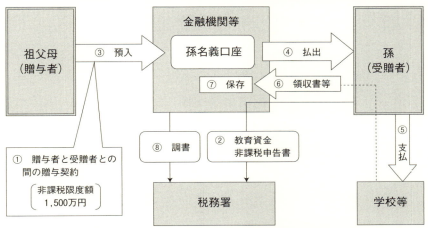

(注1)「教育資金管理契約」とは、受贈者の教育に必要な教育資金を管理することを目的とする契約であって次のものをいいます。
　(1)　受贈者の直系尊属と受託者の間の信託に関する契約で、
　　①　信託の主たる目的が教育資金の管理であること、
　　②　信託財産が金銭等に限られること、
　　③　受贈者を信託の利益の全部についての受益者とすること、
　　④　その他一定の事項が定められているもの。
　(2)　受贈者と銀行等との間の普通預金または貯金等に係る契約で、
　　①　教育資金の支払に充てるために預金または貯金を払い出した場合には、受贈者は銀行等に、教育資金の支払に充てた金銭に係る領収書等を提出すること、
　　②　その他一定の事項が定められているもの。
　(3)　受贈者と金融商品取引業者との間の有価証券の保管の委託に係る契約で、
　　①　教育資金の支払に充てるために有価証券の譲渡、償還等により金銭の交付を受けた場合には、受贈者は金融商品取引業者に、教育資金の支払に充てた金銭に係る領収書を提出すること、
　　②　その他一定の事項が定められているもの。
(注2)「教育資金」とは、次のものをいいます。
　(1)　学校等に対して直接支払われる次のような金銭
　　イ　入学金、授業料、入園料、保育料、施設設備費または入学（園）試験の検定料など
　　ロ　学用品の購入費、修学旅行費、学校給食費など学校等における教育に伴って必要な費用
　(2)　学校等以外に対して直接支払われる金銭で社会通念上相当と認められるもの
　(3)　教育（学習塾・そろばん等）に関する役務の提供の対価や施設の使用料など
　(4)　スポーツ（水泳・野球等）または文化芸術に関する活動（ピアノ・絵画等）そ

第11章　相続税対策としての贈与　159

の他教養の向上のための活動に係る指導への対価など
(5) (3)の役務の提供または(4)の指導で使用する物品の購入に要する金銭
(6) (2)に充てるための金銭であって、学校等が必要と認めたもの
　※「学校等」とは、学校教育法で定められた幼稚園、小・中学校、高等学校、大学（院）、専修学校、各種学校、一定の外国の教育施設、認定こども園または保育所等をいいます。
(7) 23歳以上の者の教育資金の範囲については、
　① 学校等に支払われる費用
　② 学校等に関連する費用（留学渡航費等）
　③ 学校等以外の者に支払われる費用で、教育訓練給付金の支給対象となる教育訓練を受講するために支払われるものに限定することとされました。
(注3)　「非課税拠出額」とは、教育資金非課税申告書または追加教育資金非課税申告書に、この制度の適用を受けるものとして記載された金額を合計した金額（1,500万円を限度とする）をいいます。
(注4)　「教育資金支出額」とは、金融機関等の営業所等において、教育資金として支払われた事実が領収書等により確認され、かつ、記録された金額を合計した金額をいいます。
(注5)　教育資金管理契約終了時の扱い……教育資金管理契約は、①受贈者が30歳に達した場合、②受贈者が死亡した場合、③契約当事者の間で当該契約を終了させる合意があった場合に終了します。
(注6)　教育資金管理契約が終了した場合の残額の扱いは次のとおりです。
　A　受贈者が30歳に達した場合……非課税拠出額から教育資金支出額を控除した残額については、受贈者が30歳に達した日に贈与があったものとして贈与税を課税します。なお、30歳到達時において、現に①学校等に在学し、または②教育訓練給付金の支給対象となる教育訓練を受講している場合には、その時点で残額があっても、贈与税を課税しないこととされました。その後、①または②に該当する期間がなくなった年の年末に、その時点の残高に対して贈与税を課税します（ただし、それ以前に40歳に達した場合には、その時点の残額に対して贈与税を課税します）。
　B　受贈者が死亡した場合……非課税拠出額から教育資金支出額を控除した残額については、贈与税を課しません。
　C　契約終了の合意があった場合……非課税拠出額から教育資金支出額を控除した残額については、合意に基づき教育資金管理契約が終了する日に贈与があったものとして贈与税を課税します。
(注7)　贈与者死亡時の残額について
　贈与者の相続開始前3年以内に行われた贈与について、贈与者の相続開始日において受贈者が次のいずれかに該当する場合を除き、相続開始時におけるその残額が相続財産に加算されます。
　① 23歳未満である場合
　② 学校等に在学している場合
　③ 教育訓練給付金の支給対象となる教育訓練を受講している場合
(出所)　税務大学校「税務大学校講本　相続税法　2019年度版」56頁より筆者作成

3 贈与税の非課税財産という奇妙な規定を知る

よくある質問 ★★★

> 扶養義務者（父母や祖父母）から生活費または教育費の贈与を受けましたが、贈与税の課税対象となりますか。

扶養義務者相互間において生活費または教育費に充てるために贈与を受けた財産のうち「通常必要と認められるもの」については、贈与税の課税対象となりません。

親が子どもを育てるときに、毎日食事をさせ、服を着せ、教育を施します。法律的には、これらの行為がすべて贈与なのです。ただ、このような日常の行為（贈与）に対し、贈与税を課税するわけにはいきません。そこで、相続税法はこのような行為について（贈与ではないと規定することがむずかしいので）支給されるお金や経済的利益を非課税財産として構成しているのです。

「扶養義務者」とは、次の者をいいます。

① 配偶者

② 直系血族および兄弟姉妹

③ 家庭裁判所の審判を受けて扶養義務者となった3親等内の親族

④ 3親等内の親族で生計を一にする者

なお、扶養義務者に該当するかどうかは、贈与の時の状況により判断します。

「生活費」とは、その者の通常の日常生活を営むのに必要な費用（教育費を除きます）をいいます。また、治療費や養育費その他これらに準ずるもの

第11章　相続税対策としての贈与　161

（保険金または損害賠償金により補てんされる部分の金額を除きます）を含みます。

「教育費」とは、被扶養者（子や孫）の教育上通常必要と認められる学資、教材費、文具費等をいい、義務教育費に限られません。

■ 問い

贈与税の課税対象とならない生活費または教育費に充てるために贈与を受けた財産のうち「通常必要と認められるもの」とは、どのような財産をいいますか。

■ 答え

贈与税の課税対象とならない生活費または教育費に充てるために贈与を受けた財産のうち「通常必要と認められるもの」とは、贈与を受けた者（被扶養者）の需要と贈与をした者（扶養者）の資力その他いっさいの事情を勘案して社会通念上適当と認められる範囲の財産をいいます。

■ 問い

数年間分の「生活費」または「教育費」を一括して贈与を受けた場合、贈与税の課税対象となりますか。

■ 答え

贈与税の課税対象とならない生活費または教育費は、生活費または教育費として必要なつど直接これらの用に充てるために贈与を受けた財産です。したがって、数年間分の生活費または教育費を一括して贈与を受けた場合において、その財産が生活費または教育費に充てられずに預貯金となっている場合、株式や家屋の購入費用に充てられた場合等のように、その生活費または教育費に充てられなかった部分については、贈与税の課税対象となります。

「教育費」については、別途、「直系尊属から教育資金の一括贈与を受けた

場合の贈与税の非課税」が設けられています（前節参照）。

4 贈与税の配偶者控除（自宅土地建物または購入資金の贈与）★★★

　2,000万円の配偶者控除は基礎控除に先立って控除されます（最高控除額は、基礎控除額とあわせて2,110万円）。

　婚姻期間（民法に規定する婚姻の届出があった日から贈与の日までの期間）が20年以上の配偶者から、次の居住用不動産またはその取得資金の贈与を受けた場合には、その贈与を受けた居住用不動産等の課税価格から2,000万円までの金額を配偶者控除として控除できます。

① 　国内にあるもっぱら居住の用に供する土地等または家屋で、その贈与を受けた日の属する年の翌年3月15日までに受贈者が居住し、かつ、その後も引き続き居住する見込みであるもの

② 　①の居住用不動産の取得資金で、その金銭の贈与を受けた日の属する年の翌年3月15日までに取得した居住用不動産に受贈者が居住し、かつ、その後引き続き居住する見込みであるもの

③ 　贈与税の申告書等が提出されること

　この控除は、同じ配偶者からの贈与については、一生に一度しか適用を受けることができません。

　なお、贈与税の配偶者控除の適用を受けた受贈財産のうち贈与税の配偶者控除相当額は、相続開始前3年以内に贈与を受けた財産の相続税の課税価格の加算から除外されます。

　贈与するのは現在夫婦で住んでいる家（土地・建物）でもいいし、買替えを予定している新たに購入する家（土地・建物）の購入資金でもいいし、新たな建物を夫または妻が購入後に物件贈与（土地・建物）してもいいのですが、次の点に注意してください。

第11章　相続税対策としての贈与　163

① 贈与するのは原則として土地にすべきです。建物はせっかく贈与しても経年劣化してしまいます。

② 敷地の面積が330㎡以下なら、相続時点で配偶者が取得すると無条件で課税価格が80％の減額となります。2,000万円の評価額の土地を贈与しても相続税の課税価格に換算すると400万円の贈与と変わらないのです。

③ 贈与を受けてから翌年3月15日までに引っ越しをして、住み続けることが要件ですが、現住家屋と敷地を贈与して共有にしておくと、将来売るときに居住用の特別控除が夫婦各々最高3,000万円適用可能となります。

5 直系尊属から住宅取得等資金の贈与を受けた場合の贈与税の非課税

　平成27年1月1日～令和3年12月31日の間に、父母や祖父母など直系尊属からの贈与により、自己の居住の用に供する住宅用の家屋の新築、取得または増改築等（以下「新築等」といいます）の対価に充てるための金銭（以下「住宅取得等資金」といいます）を取得した場合において、一定の要件を満たすときは、次表の非課税限度額までの金額について贈与税が非課税となります。

(1)　下記(2)以外の場合

住宅用の家屋の新築等に係る 契約の締結日	省エネ等住宅	左記以外の住宅
平成27年12月31日まで	1,500万円	1,000万円
平成28年1月～令和2年3月	1,200万円	700万円
令和2年4月～令和3年3月	1,000万円	500万円
令和3年4月～令和3年12月	800万円	300万円

(2)　住宅用の家屋の新築等に係る対価等の額に含まれる消費税等の税率が10％である場合

住宅用の家屋の新築等に係る 契約の締結日	省エネ等住宅	左記以外の住宅
平成31年4月～令和2年3月	3,000万円	2,500万円
令和2年4月～令和3年3月	1,500万円	1,000万円
令和3年4月～令和3年12月	1,200万円	700万円

（注1）　省エネ等住宅……省エネ等基準（①断熱等性能等級4もしくは一次エネルギー消費量等級4以上であること、②耐震等級（構造躯体の倒壊等防止）2以上もしくは免震建築物であること、または③高齢者等配慮対策等級（専用部分）3以上であること）に適合する住宅用の家屋であることにつき、一定の書類により証明されたものをいいます。

（注2）　非課税限度額……すでに直系尊属から住宅等取得資金の贈与を受けた場合の贈与税の非課税制度の適用を受けて贈与税が非課税となった金額がある場合には、その金額を控除した残額が非課税限度額となります。ただし、上記(2)の表における非課税限度額は、平成31年3月31日までに住宅用の家屋の新築等に係る契約を締結し、すでにこの非課税制度の適用を受けて贈与税が非課税となった金額がある場合でも、その金額を控除する必要はありません。

　　　　なお、平成31年4月1日以後に住宅用の家屋の新築等に係る契約を締結してこの非課税制度の適用を受ける場合の受贈者ごとの非課税限度額は、上記(1)および(2)の表の金額のうちいずれか多い金額となります。

（注3）　住宅用の家屋の新築等に係る対価等の額に含まれる消費税等の税率……個人間の売買で、建築後使用されたことのある住宅用の家屋（中古住宅）を取得する場合には、原則として消費税等がかからないので上記(2)の表には該当しません。

[適用要件]

（1）　受贈者の要件

イ　贈与を受けた時に贈与者の直系卑属（贈与者は受贈者の直系尊属）であること（注1）

　（注1）　受贈者の配偶者の父母（または祖父母）は直系尊属には当たらないが、養子縁組をしている場合の養親は直系尊属に当たります。

ロ　贈与を受けた時に日本国内に住所を有していること（平成29年4月1日以後に住宅取得資金の贈与を受けた場合には、受贈者が一時居住者（注2）であり、かつ、贈与者が一時居住贈与者（注3）または非居住贈与者（注4）である場合を除きます）

　（注2）　「一時居住者」とは、贈与の時において在留資格（出入国管理及び難民認定法別表第1の上欄の在留資格をいいます。（注3）において同じです）を有する人で、その贈与前15年以内に日本国内に住所を有していた期間の合計が10年以下である人をいいます。

第11章　相続税対策としての贈与　165

（注3）「一時居住贈与者」とは、贈与の時において在留資格を有する人で、その贈与前15年以内に日本国内に住所を有していた期間の合計が10年以下である人をいいます。

（注4）「非居住贈与者」とは、贈与の時に日本国内に住所を有していなかった贈与者で、①その贈与前10年以内に日本国内に住所を有したことがある贈与者のうち、その贈与前15年以内に日本国内に住所を有していた期間の合計が10年以下である贈与者（この期間引き続き日本国籍を有していなかった贈与者に限ります）、または②その贈与前10年以内に日本国内に住所を有したことがない贈与者をいいます。

　　　なお、贈与を受けた時に日本国内に住所を有しない人であっても、一定の場合には、この特例の適用を受けることができます。

ハ　贈与を受けた年の1月1日において、20歳以上であって、当該年の年分の所得税の合計所得金額が2,000万円以下であること

ニ　贈与を受けた年の翌年3月15日までに、住宅取得等資金の全額を充てて住宅用の家屋の新築等をすること

ホ　贈与を受けた年の翌年3月15日までにその家屋に居住すること、または同日後遅滞なくその家屋に居住することが確実であると見込まれること

ヘ　受贈者の配偶者、親族などの一定の特別の関係がある者から住宅用の家屋を取得したものではないこと、またはこれらの者との請負契約等により新築もしくは増改築等をしたものではないこと

ト　平成26年分以前の年分において、旧非課税制度（平成22・24・27年度の各税制改正前の「住宅取得等資金の贈与税の非課税」のことをいう）の適用を受けたことがないこと

(2)　対象となる家屋等の要件

　イ　新築または取得の場合

(イ)　新築または取得した住宅用の家屋の登記簿上の床面積（マンションなどの区分所有建物の場合はその専有部分の床面積）が50㎡以上240㎡以下で、かつ、その家屋の床面積の2分の1以上に相当する部分が受贈者の居住の用に供されるものであること

(ロ)　取得した住宅用の家屋が次のいずれかに該当すること

　①　建築後使用されたことのないもの

　②　建築後使用されたことのあるもので、その取得の日以前20年以内（耐火建築物（注5）の場合は25年以内）に建築されたもの

　（注5）　耐火建築物とは、登記簿に記録された家屋の構造が鉄骨造、鉄筋コンクリート造または鉄骨鉄筋コンクリートなどのものをいう。

　③　建築後使用されたことのあるもので、耐震基準に適合するものとして、「耐

震基準適合証明書」または「建設住宅性能評価書の写し」などにより証明されたもの

④ 建築後使用されたことのあるもの（上記②および③に該当しないものに限る）で、耐震改修を行うことにつき建築物の耐震改修の促進に関する法律17条1項の申請等をし、かつ、取得期限までに耐震基準に適合することとなったことにつき証明がされたもの

ロ　増改築等の場合

㈤ 増改築等後の住宅用の家屋（注6）（注7）の登記簿上の床面積（マンションなどの区分所有建物の場合はその専有部分の床面積）が50㎡以上240㎡以下で、かつ、その家屋の床面積の2分の1以上に相当する部分が受贈者の居住の用に供されるものであること

㈥ 増改築等の工事が、自己が所有し、かつ、居住している家屋に対して行われたもので、一定の工事に該当することにつき「確認済証の写し」「検査済証の写し」または「増改築等工事証明書」などにより証明されたものであること

㈦ 増改築等の工事に要した費用の額が100万円以上であること（注6）

（注6）　対象となる住宅用の家屋は、日本国内にあるものに限られます。

（注7）　「新築」もしくは「取得」または「増改築等」には、その新築もしくは取得または増改築等とともに取得する敷地の用に供される土地等の取得（その新築に先行してその敷地の用に供される土地等の取得が行われる場合における当該土地等の取得を含む）も含まれます。

（注8）　増改築等の工事の部分に居住の用以外の用に供される部分がある場合には、増改築等の工事に要した費用の額の2分の1以上が、自己の居住の用に供される部分の工事に充てられていなければなりません。

（3）　基礎控除等との併用

この非課税規定の適用後の残額には、暦年課税にあっては基礎控除額（110万円）、相続時精算課税にあっては特別控除額（2,500万円）が適用できます（注9）。

（注9）　相続時精算課税の適用は、贈与を受ける者が贈与者の推定相続人に該当する場合に限られます。

（4）　所得税の（特定増改築等）住宅借入金等特別控除を適用する場合

「住宅取得等資金の非課税」または「相続時精算課税選択の特例」のいずれかの適用を受ける者が、所得税の（特定増改築等）住宅借入金等特別控除の適用を受ける場合において、次の①の金額が②の金額を超えるときには、その超える部分に相当する住宅借入金等の年末残高については、（特定増改築等）住宅借入金等特別控除の適用はありません。

① 住宅借入金等の金額

第11章　相続税対策としての贈与　167

② 住宅用の家屋の新築、取得または増改築等（次の（注11）において「住宅の取得等」といいます）の対価の額または費用の額（注10）から、その贈与の特例を受けた部分の金額を差し引いた額（注11）

（注10） ①の住宅借入金等のうちにその住宅用の家屋の敷地の用に供されている一定の土地等の取得に係るものがある場合には、その土地等の対価を含みます。

（注11） 平成23年6月30日以後に住宅の取得等に関する契約を締結し、その住宅の取得等に関し補助金等の交付を受ける場合には、その補助金等の額も差し引きます。

コラム

とりあえず贈与をすると相続税の節税になるというのは本当でしょうか

　住宅資金贈与の特例は、子どもが購入する家屋の建築資金を出してあげるということが要件です。子どもが贈与を受けた資金で家を建てても、建物は時の経過とともに老朽化します。せっかく贈与を受けた資金で老朽化する財産を取得するというのはどうでしょうか。

　親が建築資金を出すのですから、家屋は親の名義にしておくと次のような節税効果があります。

　平均して家屋の固定資産税評価額は建築資金の46%程度になるといわれています。3,000万円で建築した建物の固定資産税評価額は1,380万円ほどです。全額贈与するとき減少する財産は3,000万円ですが、建物を親名義で建築した場合でも1,620万円ほど課税される財産は減少します。

　加えて、毎年家屋に課税される固定資産税を家屋の所有者である親が支払っても贈与の対象にはなりません。台風で壊れたとき、子ども名義の家の修繕費を親が負担すると贈与税の対象となりますが、親が自分で所有している建物を自分で修繕するのですから贈与税の課税対象になりません。

　資産家の子どもたちは親名義の家屋に住むというのが相続税の節税という観点からは正解かもしれません。

6 直系尊属から結婚・子育て資金の一括贈与を受けた場合の贈与税の非課税

　平成27年4月1日～平成31年3月31日の間に、個人（結婚・子育て資金管理契約を締結する日において20歳以上50歳未満の者に限ります。以下「受贈者」といいます）の結婚・子育て資金の支払に充てるために、その直系尊属（以下「贈与者」といいます）が金銭等を拠出し、金融機関（信託会社（信託銀行を含む）、銀行および金融商品取引業者（第一種金融商品取引業を行う者に限ります）をいいます）に信託等をした場合には、信託受益権の価格または拠出された金銭等の額のうち受贈者一人につき1,000万円（結婚に際して支出する費用については300万円を限度とします）までの金額に相当する部分の価額については、贈与税が非課税となります。

　(注)　「結婚・子育て資金」とは、次に掲げる費用に充てるための金銭をいいます。
　　①　結婚に際して支出する婚礼（結婚披露を含む）に要する費用、居住に要する費用および引越に要する費用のうち一定のもの
　　②　妊娠に要する費用、出産に要する費用、子の医療費および子の保育料のうち一定のもの

【実務ポイント】

　教育資金贈与と異なり、贈与者死亡時に残っているお金は相続財産として課税対象となるので贈与効果はあまり期待できません。

第11章　相続税対策としての贈与　169

付録資料

1 生命保険の課税関係一覧表（Ａ、Ｂ、Ｃはいずれも個人）

保険契約の種類	契約者	被保険者	保険料負担者	保険金受取人	課税関係
生命保険契約または損害保険契約 ※損害保険契約の保険金は、偶然の事故に基因する死亡に伴い支払われるものに限る。	Ａ	Ａ	Ａ	Ｂ	（Ａの死亡の場合） Ｂが相続人のときは相続、相続人以外のときは遺贈により取得したものとみなされる。 （満期の場合） ＢがＡから贈与により取得したものとみなされる。
	Ａ	Ａ	Ｃ	Ｂ	Ａの死亡または満期のいずれの場合も、ＢがＣから贈与により取得したものとみなされる。
	Ａ	Ａ	1/2　Ａ 1/2　Ｃ	Ｂ	（Ａの死亡の場合） Ｂが相続人のときは保険金の2分の1を相続、相続人以外のときは遺贈により取得したものとみなされ、さらに、ＢがＣから保険金の2分の1を贈与により取得したものとみなされる。 （満期の場合） ＢがＡ、Ｃのそれぞれから保険金の2分の1ずつを贈与により取得したものとみなされる。
	Ａ	Ｂ	Ａ	Ａ	Ｂの死亡または満期のいずれの場合も、Ａの一時所得となる。

（出所）　税務大学校「税務大学校講本　相続税法　2019年度版」18頁

2　生命保険契約に関する権利の課税形態

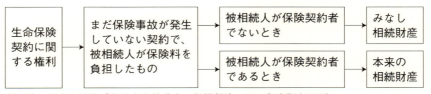

（出所）　税務大学校「税務大学校講本　相続税法　2019年度版」19頁

3 相続税のみなし相続財産一覧表

【参考】

1 みなし相続財産

財産の種類	関係法令	規定の要旨
生命保険金、偶然な事故に基因する死亡に伴う損害保険金	法3①一	各号に掲げる財産を相続または遺贈により取得したものとみなす。
退職手当金	法3①二	
生命保険契約に関する権利	法3①三	
定期金に関する権利	法3①四	
保証期間附定期金に関する権利	法3①五	
契約に基づかない定期金に関する権利	法3①六	
特別縁故者に対する相続財産の分与	法4	与えられた時のその財産の時価に相当する金額を遺贈により取得したものとみなす。
低額譲受	法7	（遺言により著しく低い価額の対価で財産の譲渡を受けた場合）その対価と時価との差額に相当する金額を遺贈により取得したものとみなす。
債務免除等	法8	（遺言により対価を支払わないで、または著しく低い価額の対価で債務を免除等された場合）その免除等された債務の金額に相当する金額を遺贈により取得したものとみなす。
その他の利益の享受	法9	（遺言により対価を支払わないで、または著しく低い価額の対価で利益を受けた場合）その時の利益の金額に相当する金額を遺贈により取得したものとみなす。
信託に関する権利	法9の2～9の6	（遺言等により委託者以外の者が受ける信託の利益について）その利益を受ける権利を遺贈により取得したものとみなす。
相続時精算課税適用者	法21の16①	その財産を相続または遺贈により取得した

（相続または遺贈により財産を取得しなかった者）の受贈財産		ものとみなす。
特別の法人から受ける利益	法65①	（持分の定めのない法人で、その施設の利用等について役員等またはこれらの者の親族等に対し特別の利益を与えるものに対して財産の贈与または遺贈があった場合においては、一定の場合を除き）その法人から特別の利益を受ける者が、その財産の贈与または遺贈により受ける利益に相当する金額をその財産を贈与または遺贈した者から贈与または遺贈により取得したものとみなす。
贈与税の納税猶予の適用を受けていた農地等（贈与者が死亡した場合）	措法70の5	その農地等を相続または遺贈により取得したものとみなす。
贈与税の納税猶予の適用を受けていた非上場株式等（贈与者が死亡した場合）	措法70の7の3	その非上場株式等を相続または遺贈により取得したものとみなす。

2　みなし相続財産ではないが課税価格の計算の基礎となるもの

相続時精算課税適用者（相続または遺贈により財産を取得した者）の受贈財産	法21の15①	その財産の価額を相続税の課税価格に加算した価額をもって、相続税の課税価格とする。
相続開始前3年以内の贈与財産	法19①	その財産の価額を相続税の課税価格に加算したものを相続税の課税価格とみなす。

〔出所〕　税務大学校「税務大学校講本　相続税法　2019年度版」21頁

付録資料　175

4　相続税の計算の仕組み

（注）　非課税財産は除かれる。
（出所）　税務大学校「税務大学校講本　相続税法　2019年度版」25頁

5　小規模宅地等特例一覧表

相続開始の直前における 宅地等の利用区分			要件		限度 面積	減額され る割合
被相続人等 の事業の用 に供されて いた宅地等	貸付事業以外の 事業用の宅地等	①	**特定事業用宅地等**に該当 する宅地等	特定事 業用等 宅地等	400㎡	80%
	貸付事業用の宅 地等	②	**特定同族会社事業用宅地 等**に該当する宅地等 （一定の法人の事業の用 に供されていたものに限 る）		400㎡	80%
		③	**貸付事業用宅地等**に該当する宅地 等		200㎡	50%
被相続人等の居住の用に供 されていた宅地等		④	**特定居住用宅地等**に該当する宅地 等		330㎡	80%

(注1)　「宅地等」とは、建物または構築物の敷地の用に供されている土地または土地の
　　　　上に存する権利（耕作地および採草放牧地を除く）で、棚卸資産およびこれに準ず
　　　　る資産に該当しないものをいう。
(注2)　「貸付事業」とは、不動産貸付業、駐車場業、自転車駐車場業および準事業（事
　　　　業と称するに至らない不動産の貸付けその他これに類する行為で相当の対価を得て
　　　　継続的に行うもの）をいう。
(注3)　「貸付事業用宅地等」を選択する場合の「限度面積」については、次の算式によ
　　　　り調整が必要となる。

$$\boxed{\begin{array}{c}\text{「特定事業用等}\\\text{宅地等」の面積}\end{array}} \times \frac{200}{400} + \boxed{\begin{array}{c}\text{「特定居住用宅}\\\text{地等」の面積}\end{array}} \times \frac{200}{330} + \boxed{\begin{array}{c}\text{「貸付事業用等}\\\text{宅地」の面積}\end{array}} \leqq 200㎡$$

(注4)　「一定の法人」とは、相続開始直前において被相続人および被相続人の親族等が
　　　　発行済株式（または出資）の総額の50％超を有している法人（清算中の法人を除
　　　　く）をいう。
(出所)　税務大学校「税務大学校講本　相続税法　2019年度版」27頁より筆者作成

6 相続税の超過累進税率表と速算表

相続税の総額を算定する際に、法定相続分に応じて取得したものとして按分した各取得金額に乗ずる相続税の超過累進税率は、次表のとおりです（相法16）。

法定相続分に応ずる取得金額	税　率
1,000万円以下の金額の部分	10%
1,000万円を超え3,000万円以下の金額の部分	15%
3,000万円を超え5,000万円以下の金額の部分	20%
5,000万円を超え　1億円以下の金額の部分	30%
1億円を超え　2億円以下の金額の部分	40%
2億円を超え　3億円以下の金額の部分	45%
3億円を超え　6億円以下の金額の部分	50%
6億円を超える金額の部分	55%

相続税の超過累進税率は、上記のとおりですが、実務上は、次のような速算表によって税額を算出しています。

[相続税の速算表（平成27年1月1日以降適用）]

遺産に係る基礎控除額控除後 の法定相続人の各取得金額	税　率	控除額
1,000万円以下	10%	—
3,000万円以下	15%	50万円
5,000万円以下	20%	200万円
1億円以下	30%	700万円
2億円以下	40%	1,700万円
3億円以下	45%	2,700万円
6億円以下	50%	4,200万円
6億円超	55%	7,200万円

（注）　速算表の使用方法……法定相続分に応ずる各取得金額×税率－控除額＝税額
（参考法令・通達番号）　相法16、相基通16－1、民法900、901
（出所）　税務大学校「税務大学校講本　相続税法　2019年度版」35頁

7　贈与税の超過累進税率表（限界税率表）と速算表

(1)　贈与税の税率（贈与税の超過累進税率）

基礎控除後の課税価格	一般税率 （一般贈与財産）	特例税率 （特例贈与財産）
200万円以下の金額の部分	10%	10%
200万円を超え　300万円以下の金額の部分	15%	15%
300万円を超え　400万円以下の金額の部分	20%	
400万円を超え　600万円以下の金額の部分	30%	20%
600万円を超え1,000万円以下の金額の部分	40%	30%
1,000万円を超え1,500万円以下の金額の部分	45%	40%
1,500万円を超え3,000万円以下の金額の部分	50%	45%
3,000万円を超え4,500万円以下の金額の部分	55%	50%
4,500万円を超える金額の部分		55%

　直系尊属（父母や祖父母など）からの贈与により財産を取得した受贈者（財産の贈与を受けた年の1月1日において20歳以上の者に限る）については、「特例税率」を適用して税額を計算します。

　この特例税率の適用がある財産のことを「特例贈与財産」といい、また、特例税率の適用がない財産（「一般税率」を適用する財産）のことを「一般贈与財産」といいます。

　贈与税の超過累進税率は、上記のとおりですが、実務では、相続税の計算と同様に、次のような速算表によって求めています。

(2)　贈与税の速算表（平成27年1月1日以降適用）

一般贈与財産			特例贈与財産		
基礎控除後の課税価格	一般税率	控除額	基礎控除後の課税価格	特例税率	控除額
200万円以下	10%	—	200万円以下	10%	—
300万円以下	15%	10万円	400万円以下	15%	10万円
400万円以下	20%	25万円	600万円以下	20%	30万円
600万円以下	30%	65万円	1,000万円以下	30%	90万円
1,000万円以下	40%	125万円	1,500万円以下	40%	190万円
1,500万円以下	45%	175万円	3,000万円以下	45%	265万円

付録資料　179

| 3,000万円以下 | 50% | 250万円 | 4,500万円以下 | 50% | 415万円 |
| 3,000万円超 | 55% | 400万円 | 4,500万円超 | 55% | 640万円 |

(3) 税額算出方法

　基礎控除後の課税価格に対し、その該当欄の税率を乗じた金額から控除額を差し引いた額が税額です。

イ　3,500,000円の特例贈与財産の贈与を受けた場合の贈与税額は、

　　3,500,000円 － 1,100,000円 ＝ 2,400,000円

　　2,400,000円 × 15％ － 100,000円 ＝ 260,000円となります。

ロ　1,000,000円の一般贈与財産と4,000,000円の特例贈与財産の贈与を受けた場合の贈与税額は、

　　(1,000,000 ＋ 4,000,000円) － 1,100,000円 ＝ 3,900,000円

　① 一般贈与財産に対応する税額

　　　(3,900,000円 × 20％ － 250,000円) × 1,000,000円/5,000,000円 ＝ 106,000円

　② 特定贈与財産に対応する税額

　　　(3,900,000円 × 15％ － 100,000円) × 4,000,000円/5,000,000円 ＝ 388,000円

　　上記①、②の合計金額

　106,000円 ＋ 388,000円 ＝ 494,000円となります。

（出所）　税務大学校「税務大学校講本　相続税法　2019年度版」53、53頁

8 贈与税の実効税率表

[20歳以上の子・孫等への贈与]

(単位：万円)

贈与金額	贈与税額	実効税率
110	0	0.00%
200	0	4.50%
300	19	6.30%
400	33.5	8.40%
500	48.5	9.70%
600	68	11.30%
700	88	12.60%
800	117	14.60%
900	147	16.30%
1,000	177	17.70%
1,500	366	24.40%
2,000	585.5	29.30%
2,500	810.5	32.40%
3,000	1,035.5	34.50%
4,000	1,530	38.30%
5,000	2,049.5	41.00%
6,000	2,599.5	43.30%
7,000	3,149.5	45.00%
8,000	3,699.5	46.20%
9,000	4,249.5	47.20%
10,000	4,799.5	48.00%
15,000	7,549.5	50.30%

[一般贈与]

(単位：万円)

贈与金額	贈与税額	実効税率
110	0	0.00%
200	9	4.50%
300	19	6.30%
400	33.5	8.40%
500	53	10.60%
600	82	13.70%
700	112	16.00%
800	151	18.00%
900	191	21.20%
1,000	231	23.10%
1,500	450.5	30.00%
2,000	695	34.80%
2,500	945	37.80%
3,000	1,195	39.80%
4,000	1,739.5	43.50%
5,000	2,289.5	45.80%
6,000	2,839.5	47.30%
7,000	3,389.5	48.40%
8,000	3,939.5	49.20%
9,000	4,489.5	49.90%
10,000	5,039.5	50.40%
15,000	7,789.5	51.90%

（出所）　筆者作成

9　財産の所在地一覧表（相続税法第10条）

項	号	財産の種類	所在の判定
1	一	動産	その動産の所在によります。
		不動産または不動産の上に存する権利	その不動産の所在によります。
		船舶または航空機	船舶または航空機の登録をした機関の所在（船籍のない船舶については、その所在（相基通10－1））によります。
	二	鉱業権または租鉱件	鉱区の所在によります。
		採石権	採石権の所在によります。
	三	漁業権または入漁権	漁場に最も近い沿岸の属する市町村またはこれに相当する行政区によります。
	四	預金、貯金、積金または寄託金で次に掲げるもの ①　銀行、無尽会社または株式会社商工組合中央金庫に対する預金、貯金または積金 ②　農業協同組合、農業協同組合連合会、水産業協同組合、信用協同組合、信用金庫または労働金庫に対する預金、貯金または積金	その受入れをした営業所または事業所の所在によります。
	五	保険金	その契約に係る保険会社等の本店または主たる事務所（日本国内に本店または主たる事務所がない場合において、日本国内にその契約に係る事務を行う営業所、事務所その他これらに準ずるものを有するときは、これらの営業所等）の所在によります。
		生命保険契約または損害保険契約（相基通10－2）	
	六	退職手当金、功労金その他これらに準ずる給与	その給与を支払った者の住所または本店もしくは主たる事務所（前号に同じ）の所在によります。
	七	貸付金債権	その債務者の住所または本店もしくは主たる事務所の所在によります。
	八	社債、株式、出資または外国預託証券	その社債もしくは株式の発行法人、その出資されている法人または外国預託証券の発行法人の本店または主たる事務所の所在によります。
	九	集団投資信託または法人課税信託に関する	これらの信託の引受けをした営業所、事

		権利	務所その他これらに準ずるものの所在によります。
	十	特許権、実用新案権、意匠権またはこれらの実施権で登録されているもの	その登録をした機関の所在によります。
		商標権	
		回路配置利用権、育成者権またはこれらの利用権で登録されているもの	
	十一	著作権、出版権または著作隣接権でこれらの権利の目的物が発行されているもの	これらを発行する営業所または事務所の所在によります。
	十二	相続税法7条の規定により贈与または遺贈により取得したものとみなされる金銭	そのみなされる基因となった財産の種類に応じ、所在を判定します。
	十三	上記一から十二までの財産以外の財産で営業上または事業上の権利（売掛金等、営業権、電話加入権等（相基通10－6））	その営業所または事業所の所在によります。
2		（日本）国債、地方債	日本国内に所在するものとします。
		外国または外国の地方公共団体その他これに準ずるものの発行する公債	その外国に所在するものとします。
3		その他の財産	その財産の権利者であった被相続人の住所の所在によります。

（出所）　国税庁「国外財産調書の提出制度（FAQ）」6～7頁より筆者作成

付録資料　183

◆練習問題　第2章の解答

◇基礎　★★★

1　法定相続人は配偶者と子ども三人、合計四人ですから、基礎控除額は5,400万円です。
　　3,000万円 + 600万円 × 4 = 5,400万円

2　姪孫は代襲相続権がないので法定相続人になりません。甥姪が18人いるので基礎控除額は1億3,800万円です。
　　3,000万円 + 600万円 × 18 = 1億3,800万円

3　法定相続人がゼロなので基礎控除は3,000万円です。

4　〔受遺者〕遺贈を受ける者として、遺言によって指定された人。法定相続人が遺産をまったく取得しない場合でも基礎控除の額は変わりません。

5　平成31年2月2日に亡くなった場合の相続税の申告期限は平成30年12月2日(月)です。令和元年5月3日に亡くなった場合の相続税の申告期限は令和2年3月3日(火)です。
　　相続税の申告期限は自己のために相続が開始した日の翌日から10カ月目の応答日なので、Bの相続人CはBにかわってAの相続税の申告書を令和2年3月3日までに提出します。

◇中級　★★☆

「法定相続人の数」に応じた「法定相続分」の例をあげれば、次のとおりです。
［例1］

　　〔法定相続人の数〕　四人（配偶者、長男、長女、二男）
　　〔法定相続分〕　配偶者：2分の1、長男・長女・二男：6分の1

[例2]

〔法定相続人の数〕 四人（配偶者、長男、長女、二男）
〔法定相続分〕 配偶者：2分の1、長男・長女・二男：6分の1

[例3]

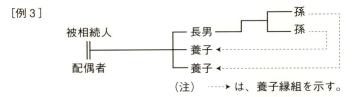

（注）----▶は、養子縁組を示す。

〔法定相続人の数〕 三人（配偶者、長男、養子一人）
〔法定相続分〕 配偶者：2分の1、長男：4分の1、養子一人：4分の1

[例4]

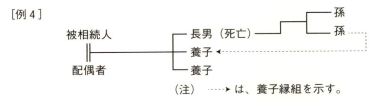

（注）----▶は、養子縁組を示す。

〔法定相続人の数〕 四人（配偶者、孫二人、養子一人）
〔法定相続分〕 配偶者2分の1、養子（孫でない者）：6分の1、養子（孫でもある者）：4分の1、孫（養子でない者）：12分の1

◇上級 ★☆☆

　Aには法定相続人がいません。財産を株式会社（営利法人）に遺贈しました。ここで考えることは相続税の納税義務者です。相続税の納税義務者は、原則として相続または遺贈（死因贈与を含む）によって財産を取得した個人です。法人、特に営利法人に遺贈した場合、営利法人は法人税の納税義務者にはなっても、相続税の納税義務者にはならないのです。
　したがって、甲社は遺贈を受けた財産を時価評価して、たとえば1億円なら1億

円を受贈益として利益計上して法人税を支払います。

　ただ、これだけでは終わりません。甲社が1億円を寄付（遺贈）されたことにより甲社の株式の価値が上がります。甲社の株式を財産評価通達に基づき評価した金額が上がれば、その上がった分だけ甲社の株主が利益を得ます。間接的な遺贈が行われるのです。そこで、相続税法はこのような場合、株主に対して遺贈があったものとして課税します。たとえば評価額が6,000万円増加していたとすると、AからBに対し遺贈が行われたものとして取り扱われるので、Bは相続税の納税義務を負います。この場合、法定相続人がゼロなので基礎控除額は3,000万円です。

事 項 索 引

【い】

遺言 ……………………………… 51,126
遺言信託業務 ……………………… 3
遺産整理業務 ……………………… 5
遺産分割 ………………… 31,44,120
遺贈 ……………………………… 48

【か】

貸付事業用宅地 ……………… 94,177
換価分割 ………………………… 46

【き】

基礎控除額 ……………………… 18

【け】

現物分割 ………………………… 46

【さ】

財産の所在地一覧表 …………… 182
財産分与 ………………………… 48

【し】

死因贈与 ………………………… 50
死亡退職金 …………………… 38,76,77
小規模宅地等の特例 …… 82,92,94,177

【せ】

制限納税義務者 ………………… 109
生存給付金付定期保険 …………… 75
生命保険金等の非課税限度額 …… 39
生命保険の課税関係一覧表 ……… 172
生命保険の保険料の贈与 ………… 69

【そ】

相続時精算課税 ………………… 113
相続税額の加算 ………………… 136
相続税税率 …………………… 153,178
相続税の申告書 ………………… 59
相続放棄 …………………… 31,36
贈与税 …………………………… 141
贈与税税率 ……………………… 154
贈与税の時効 …………………… 141
贈与税の配偶者控除 …………… 163

【た】

代襲相続人の相続分 …………… 27
代償分割 ………………………… 46

【ち】

直系尊属から教育資金の一括贈
　与の非課税 ………………… 158
直系尊属から結婚・子育て資金
　の一括贈与の非課税 ………… 169
直系尊属から住宅資金の贈与の
　非課税 ……………………… 164

【と】

同族株式 ………………………… 76
特定居住用宅地等 …………… 82,177
特定事業用宅地等 …………… 92,177
特定同族会社事業用宅地等 … 92,177
特定納税義務者 ………………… 113

【の】

納税義務者 ……………………… 100

【は】
配偶者の税額軽減 ····················· 56

【ふ】
扶養義務者相互間の贈与 ··········· 161

【ほ】
法人格のない社団または財団 ······ 119
法定相続人 ····························· 22
法定相続分 ····························· 26
保険に関する権利 ················ 66,173

【む】
無制限納税義務者 ··················· 104

【め】
名義預金 ····························· 141

【も】
持分の定めのない法人 ·············· 119

【よ】
養子 ···································· 35,37

【れ】
暦年贈与 ····························· 146

銀行員のための相続ビジネスと相続税法
―― 相続ビジネスに税法はどのように使われているか

2019年12月6日　第1刷発行

著　者　田中　耕司・長嶋　　隆
　　　　豊田　美樹・宮地　博子
発行者　加藤　一浩

〒160-8520　東京都新宿区南元町19
発　行　所　一般社団法人 金融財政事情研究会
企画・制作・販売　株式会社きんざい
　　　出 版 部　TEL 03(3355)2251　FAX 03(3357)7416
　　　販売受付　TEL 03(3358)2891　FAX 03(3358)0037
　　　URL https://www.kinzai.jp/

校正:株式会社友人社／印刷:三松堂株式会社

・本書の内容の一部あるいは全部を無断で複写・複製・転訳載すること、および
　磁気または光記録媒体、コンピュータネットワーク上等へ入力することは、法
　律で認められた場合を除き、著作者および出版社の権利の侵害となります。
・落丁・乱丁本はお取替えいたします。定価はカバーに表示してあります。
　　　　　　　　　　　　　　　　　　ISBN978-4-322-13491-9